그릇론

행복의 길을 찾다,
사람 그릇을 논하다

그릇론

권승우 지음

좋은땅

저자는 평범한 직장인이다. 대한민국 남자로 태어나 20대에 국방의 의무를 다했고, 30대 초반 적당한 시기에 결혼을 했으며, 현재는 딸 하나, 아들 하나를 둔 보통의 30대 후반 아재다. 이 나이대의 요즘 남자들이 그러하듯 직장생활에서의 역할, 가정생활에서 남편과 아빠로서의 역할을 잘 해내려고 고군분투한다. 두 가지 모두 잘 해내려 노력하지만 늘 부족함과 아쉬움이 있다. 저자 역시 그러한 보통의 사람으로 살아가고 있다.

다만, 저자에게는 조금 남다른 면이 보였다. 여전히 눈빛을 반짝이며 가슴 설레하면서 자신의 꿈과 인생 목표를 이야기 한다. 또 그 길을 향해 매 순간을 살아가고 있는 것 같다. 생각과 고민만 하고 실천은 뒤로 미루는 게 보통의 우리네 모습인데 저자는 그런 면에서 조금 달라 보였다.

저자는 '교육'과 '나눔', '공존'과 '공생'에 대한 각별한 관심을 갖고 있었다. 혼자 잘 살아가는 것보다 자신이 가진 것을 나누길 원했고, 사회 속에서 어떠한 공헌을 할 수 있을지 고민하고 실천하며 살아왔다. 어느 시기, 어떤 곳에 소속돼 있든 더불어 잘 살아가는 세상을 꿈꿔 왔고 혼자만이 아닌 구성원들과 함께 실천하는 방법을 모색해 왔다. 고교 시절 전교생이 참여하는 분리수거 캠페인을 만들었고 그 수

익금으로 형편이 어려운 학우들에게 장학금을 준 것이 그러했고, 대학 시절 모교 대학생들을 모집하여 지역사회 저소득층 청소년들에게 《무료 학습 나눔》이라는 멘토링 프로그램을 제공한 것이 그러했으며, 직장생활을 하면서도 점심시간 짬을 내서 인근 독거노인분들을 위한 반찬 배달 봉사를 주도하는 것이 그러하다.

그는 기회 평등의 핵심요소로 교육의 힘에 대해서도 강한 신념이 있었다. 우리는 부익부 빈익빈, 양극화가 심한 시대에 살고 있다고 평가했다. 과거 한 세기 동안 보편적 공교육의 질은 상당한 진일보를 이루었고 평준화되었으나 방과 후 사교육은 여전히 교육적 불평등 요소로 남아 있으며 부모의 경제적 수준에 따라 아이들의 출발점이 큰 차이를 보인다고 평가했다. 이러한 서로 다른 출발점을 최대한 공정한 수준으로 만들고, 기울어진 운동장을 최대한 바로 잡는 것이 교육의 역할이라고 주장한다. 이렇듯 평소 교육의 가치에 남다른 의미를 두고 있었으며, 고민 끝에 한국장학재단을 직업으로 선택하기에 이르렀다고 한다.

한국장학재단의 설립 목적을 보면 저자의 선택이 이해된다.

《한국장학재단 설립 등에 관한 법률》

제1조(목적) 이 법은 한국장학재단을 설립하고 이를 통하여 대학생에 대한 학자금 지원 제도를 효율적으로 운영함으로써 경제적 여건에 관계없이 누구나 의지와 능력에 따라 고등교육 기회를 가질 수 있도록 함을 목적으로 한다.

저자는 과거에도, 현재도 본인의 이름처럼 살아가려 노력하고 있다. 그는 이제 글과 책을 통해 누군가에게 영감과 위로와 힘과 도움을 선사하려고 도전한다. 지금까지는 경제적으로, 육체적으로, 지식적으로 누군가를 도왔다면 이번에는 "사고와 정서"라는 새로운 영역에서의 도움을 시도하는 것이다. 보통 사람에 의한 보통의 글 솜씨라 흥행을 기대하지 않지만, 단 한 사람에게라도 영감을 줄 수 있다면 그것만으로도 의미가 있다고 여길 것 같다.

다만, 저자는《그릇론》출판에 머무를 것 같지 않다. 그는 훗날 강연을 통해 정서적으로 상처가 있는 이들을 치유하는 것까지 계획하고 있는 듯하다. 경제적 이해타산이나 현실성을 고려하지 않는 저자의 도전들이 다소 무모해 보일 정도다. 이 일들을 능히 해낼 수 있는 사람인지 의구심도 남는다. 하지만 그의 두 눈에는 선한 열정이 보인다. 자신의 이름처럼 살아가겠다는 의지, 다양한 방식으로 많은 사람들에게 도움을 주며 살겠다는 따뜻한 열정은 어떤 누구도 꺾을 수 없을 듯하다.

저는 1987년, 쌍둥이 형제의 형으로 태어났습니다. 요즘은 쌍둥이가 흔해졌지만, 당시에는 쌍둥이가 매우 드물었습니다. 특히나, 고향인 산골 마을 청송에서는 쌍둥이를 찾아보기 어려웠습니다. 쌍둥이로 이 세상에 태어난 것을, 그리고 그 쌍둥이 형제와 많은 경험을 공유하고 서로 의지하며 살아온 것을 인생의 첫 번째 운명 요소로 생각합니다. 어린 시절부터 경제적 상황이 넉넉지 않았습니다. 부모님은 고향 청송에서 담배 농사를 주로 지으셨으나 빚만 계속 늘어 가는 상황이었습니다. 이러한 이유로 중학교 2학년 때부터 부모님과 떨어져서 지내야 했습니다. 부모님은 대구에서 도시 노동자의 길을 선택하셨고, 우리 쌍둥이 형제는 산골 마을에 남아 중학교를 마쳤습니다. 부모님의 직접적인 보살핌 없이 지냈던 시기로 자칫 삐딱선 타기 좋은 시절이었습니다. 하지만 우리를 거두어 주셨던 할머니가 옆에 계셨고, 도시에서 하층 노동자로 일하고 계시는 부모님의 노고를 생각하며 쌍둥이 형제는 일탈의 길로 들어서지 않았습니다. 고등학교는 경북 포항에 기숙사가 있는 학교로 함께 진학했습니다. 이때 우리 쌍둥이는 육군사관학교로 진학해서 엘리트 장교가 되는 것을 꿈꿨습니다. 하지만 그 꿈을 이루지 못했고, 한해 재수를 결심하고 밀양에 있는 작은 사찰에서 공부를 했습니다. 수능을 위한 공부도 했지만, 이 시기 인생에 대한 많은 고민을 했습니다. '나'라는 사람은 어떠한 사람인지, 앞으로 어떻게 살아갈 것인지, 한평생 어떠한 가치를 붙들고 살아야 가치로운 삶이 될지 고민했습니다. 그때 얻은 결론은 "내 이름처럼 사는 것"이었습니다. 권승우(權丞佑). 권세 권, 도울 승, 도울 우. '사람들을 돕고, 돕고, 많이 도우면서 살자.' 나눔의 실천, 사회적 공헌을 삶의 목표로 삼고 살아가기 시작했습니다. 내가 무엇을 좋아하는지, 어떤 상황에서 행복감을 느끼는지에 대한 자기성찰에서 비롯된 인생목표였습니다. 돌이켜 생각해보면 한국 나이 38살인 현재까지도 그 인생목표를 향해 걸어가고 있고, 매 순간 실천하며 살아가고 있습니다.

우여곡절이 있었으나 결과적으로 쌍둥이 형제는 대학도 같은 곳으로 진학했고, 그곳에서 학생회 활동도 함께했습니다. 이 시기에 두 번째 운명인, 인생의 반려자와 인연을 맺게 되기도 했습니다. 대학 졸업 후 학사장교로 군 복무를 했습니다. 군 복무기간 중 당시 단장(연대장)님께서는 군 간부들에게 《손자병법》의 내용을 탐독하라고 지시하셨습니다. 《손자병법》을 계기로 저는 군 생활 중 유학의 《사서오경》을 모두 읽는 것을 작은 목표로 두고 지냈습니다. 지금 떠올려 보면, 사서오경 중 《역경(주역)》은 읽어내는 것조차 힘들었던 것 같습니다. 단순히 읽는 것으로는 이해가 매우 어려웠고 이는 탐구를 해야 하는 수준이었던 것 같습니다. 불완전한 사서오경 읽기를 마친 후 얻은 결론은 '정명'이었습니다. 군군신신부부자자…. 군주는 군주답게, 신하는 신하답게, 아비는 아비답게, 자녀는 자녀답게…. 《사서오경》에서 말하는 가르침의 핵심은 무엇무엇'다움'의 철학이라는 결론에 도달했습니다. 물론 제 개인의 견해입니다. 이러한 결론은 제 인생 목표를 더 공고히 하는 계기가 되었습니다. 문화마다 일부분의 차이는 존재할 수 있겠지만, 인간이라면 이상적인 '다움'의 공통 관념을 갖고 있습니다. 그 '다움'을 인간의 언어로써 온전히 서술하는 것은 매우 어려울 것입니다. 서술의 시도가 오히려 오해와 반박에 직면하기 쉬울 것입니다. '다움'은 온전한 이성의 영역이라기보다는 정서가 상당 부분 차지하는 영역인 까닭입니다. 《사서오경》에서는 역할에서의 '다움'을 깨달았으며 더 근본적으로 제 자신에 대한 '다움'을 찾는 것이 선행되어야 한다는 생각에 이르게 됐습니다. 나의 '다움'을 찾지 못한 채, 외부와의 관계 속에서의 역할 '다움'만을 강조하면 나의 주체성을 잃은 채 타인들이 바라는 '허울뿐인 나'가 되기 때문입니다. 우리는 매 순간 삶의 현장에 처해 있고, 관계 속에서 살아가야 하므로 '나'다움과 역할'다움'에 대한 명확한 선후를 둘 수는 없습니다. '정명'과 '다움'을 아는 것은 철학과 사유의 영역이기도 합니다. 기나긴 인생의 여정 동안 궁극적으로 도달하고자 하는 좌표가 될 수도 있습니다. 이러한 고민들이 《그릇론》이라는 원고를 쓰게 된 이유이기도 합니다. 제 개인의 고민과 사유에서 시작했고 비슷한 고민을 하고 있을 많은 분들께 저의 생각과 논리를 공유하고 싶기도 했습니다. 논리와 사유에는 정답이 없습니다. 저 역시 저의 논리가 정답이라고 내세우지 않습니다. 다만, 저의 논리와 사유가 누군가 한 사람에게라도 공감이 되고 치유가 되고 힘이 되기만 한다면 그걸로 족할 것 같습니다. 제 인생 목표가 그러하듯, 제가 쓴 이 책 역시 누군가에게 미력하게나마 도움이 되었으면 합니다.

목차

이 시대에 이 책이
더 필요한 이유

2024년 12월 3일 밤, 느닷없이 비상계엄령이 선포되고 무장한 군인이 대한민국 국회 장악을 시도하는 사태가 벌어졌습니다. 그날 밤 전 국민은 혼란과 두려움, 분노에 치를 떨어야 했습니다. 전 세계 언론은 한국의 정치 상황을 조명하고 한국의 민주주의를 우려했습니다. 대한민국이 세계 10대 경제 강국이 되고, K-컬처로 세계적 문화 선진국으로 불리며, 5·18 광주 민주화 운동을 배경으로 소설을 쓴 작가가 노벨문학상을 받는 '이 시기'에 비상계엄령은 온 국민을 충격에 빠뜨렸습니다.

오늘날 우리는 갈등이 만연한 사회를 살아가고 있습니다. 공정과 법치를 주장하며 탄생한 정권도 결국 내로남불의 행태로 전 국민이 허탈함과 분노에 차 있습니다. 정치가 실종했습니다. 타협과 협력, 존중과 배려를 기대하기 어려운 지경에 이르렀습니다. 다수당이 된 야당은 국회 권력을 장악하여 일방적인 입법권을 행사하고 있습니다. 국민의 심판으로 의석수 과반을 차지하지 못한 여당은 국회 의결 과정에서 애처롭기까지 합니다. 여당은 거대 야당의 입법 드라이브를 막을 뾰족한 묘수가 현실적으로 없습니다. 결국 입법부와 행정부의 힘겨루기로 이어지고 있습니다. 행정부의 수반인 대통령은 거부권(재의요구권)을 행사하고 있습니다. 거부권(재의요구권)은 대통령의 강력한 고유 권한입니다. 결국 거대 야당의 입법권과 대통령의 거부권(재의요구권)이 반복되고 정쟁만 일삼는 정치 실종의 시대를 살아가고 있습니다. 오늘날의 정치에서 덕치는 찾아볼 수 없습니다.

대통령의 임기 중 검찰과 감사원의 검(劍)을 이렇게 많이 그리고 오래 휘둘렀던 적이 있었을까요? 살아 있는 권력에도 "공정"과 "법치"라는 잣대로 검(劍)을 행사하여 국민적 기대를 받으며 대통령으로 선출됐습니다. 국정 운영에서의 리더십과 검찰이나 감사원의 검(劍)은 쓰임과 성격이 다릅니다. 정적을 제거하고 정권에 대항하는 이들을 처벌하기 위해 여전히 칼질이 난무하고 있습니다. 그러나 정작 검(劍)이 필요한 상황에서는 칼집 속에서 꺼내지 않습니다. 이중적 잣대에 국민들은 실망을 넘어서 절망에 이르렀습니다. 대한민국 사회는 군에 의한 총칼이 정치권력을 잡는 것을 더 이상 허용하지 않습니다. 앞으로는 새로운 검(劍)에 의한 통치 또한 허용하지 않을 것 같습니다.

국민의 절망에는 야당도 한몫하고 있습니다. 야당 대표의 공직선거법 위반 혐의와 위증교사 혐의에 대한 법원의 판결이 진행되고 있는 상황입니다. 물론 최종 판결이 나와 봐야 실체적 진실을 알 수 있습니다. 다만, 당 대표의 정치 생명을 위해 무죄를 주장하며 이를 위해 정쟁에 활용하는 행태는 지겨울 지경입니다. 아직 사법부의 최종 판단을 지켜볼 수밖에 없는 상황이지만, 그간 많은 정치인들의 '정치적 음해' 주장 코스프레는 정치와 정치인에 대한 국민적 혐오를 조장하고 있습니다.

동시대를 살아가는 지구촌 사람들도 전쟁이라는 극단적 갈등 상황을 목도하고 있습니다. 오늘날 세계에는 동시에 2개의 전쟁이 지속되고 있습니다. 영토문제, 종교갈등, 안보위협 등이 살육을 정당화하는 전쟁 논리로 변질 됩니다. 상대를 악으로 규정하고 자신만이 선이라 포장하며 온갖 거짓 정보로 진실을 왜곡합니다. 단시간에 끝날 것 같던 전쟁은 이해관계가 맞물린 인근 국가까지 관여하면서 전장이 확대되고 있습니다. 그 사이 수많은 생명이 희생되고 있습니다. 소규모 조직뿐만 아니라 세계적으로 갈등이 충돌로 이어지고 있는 시대입니다.

어느 사회에서든 권선징악(勸善懲惡)을 원하고 이에 희열을 느끼기도 합니다. 다만, 특히 대한민국 사회에서 언제부턴가 선(善)을 권하고 장려하는 것은 찾아보기 어려워졌습니다. 악(惡)이라는 프레임을 씌워 규탄하고 처벌하는 것에만 혈안이 되어 있습니다. 악은 처벌되어야 마땅합니다. 하지만 선과 악이 명확하지 않은 것들이 너무 많은데, 나와 같은 편이면 선이고 나와 다른 편이면 악으로 치부하는 이분법적 편 가르기가 횡행합니다. 정치권력의 편 가르기는 국민 정서의 편 가르기로 이어지고 있는 실정입니다. 싸움, 투쟁, 편 가르기, 적대시, 분열, 상대비하와 같은 부정적인 정서가 우리들 마음속 깊이 자리 잡고 있습니다.

 이러한 상황이 결코 바람직한 상태는 아니라고 생각합니다. 우리 마음속에 그러한 부정적 심리가 더 깊숙이 침투하기 전에 빠져나와야 합니다. 화합과 통합, 상대에 대한 인정과 배려, 차이를 품을 수 있는 너그러움이 필요한 시점입니다.

 사람의 그릇을 논하는 것은 바람직한 인간상이 되기 위한 다소 이상적인 이야기를 하는 것입니다. 나 자신을 바로 알고 나의 성품 그릇을 더 크고 단단하게 만들어야 한다는 이야기입니다. 정치가 변해야 나라가 바뀐다는 말도 틀리지 않지만, 국민이 변해야 나라가 바뀐다는 말에 더 동의가 됩니다. 정치가 국민 위에 군림하던 시대는 끝났습니다. 국민이 주인이고 국민이 변하면 세상을 바꿀 수 있습니다. 이 책을 읽는 한 분, 한 분의 변화가 더 밝고 따뜻한 세상, 인정과 존중이 가득한 세상이 되는 첫 걸음이 되길 바랍니다.

 저는 88 서울 올림픽 세대는 아니지만, 올림픽 이후 유년 시절에 '손에 손잡고'라는 올림픽 송을 듣고 가슴이 뭉클했던 기억이 있습니다.

〈손에 손잡고(88 서울 올림픽 노래)〉

하늘 높이 솟는 불
우리의 가슴 고동치게 하네
이제 모두 다 일어나

영원히 함께 살아가야 할 길 나서자
손에 손잡고 벽을 넘어서
우리 사는 세상 더욱 살기 좋도록
손에 손잡고 벽을 넘어서
서로서로 사랑하는 한마음 되자 손잡고~
어디서나 언제나
우리의 가슴 불타게 하자
하늘 향해 팔 벌려
고요한 아침 밝혀주는 평화 누리자
손에 손잡고 벽을 넘어서
(우리 사는 세상 더욱 살기 좋도록
손에 손잡고 벽을 넘어서
서로서로 사랑하는 한마음 되자 손잡고)

이 책은 '너그러움'과 '따뜻함'을 지향하는 책입니다. 우리는 생각이 서로 다른 사람들과 함께 살아갈 수밖에 없습니다. 하지만 그들과의 함께 손을 잡고 한계를 넘어서야 하는 순간들이 있습니다. 그 한계를 뛰어 넘는 도약의 힘은 '함께'에 있습니다. '다름'과 '함께' 갈 수 있는 너그러운 의지가 필요한 시대입니다. 이 책이 온전한 처방이 되리라 확신하지는 않습니다. 하지만 우리의 사고와 관심사가 부정의 방향으로 가던 흐름을 긍정적 방향으로 전환하고, 타인을 인정하고 품으며 함께 공존하는 길에 대한 고민의 출발점이 될 것이라 기대합니다.

왜 인간 그릇을
논하나?

삶에 대한 근원적 고민에서 시작하다

많은 이들이 21세기를 살면서 세계적인 전염병의 대유행을 겪으리라고는 생각지 못했을 것입니다. 세계 경제가 마비됐고, 장기간의 사회적 거리 두기는 우리의 일상을 송두리째 바꾸어 놓았습니다. 비대면 시대가 도래했고, 이것이 언제 끝날지도 모르는 불확실한 시절을 보냈습니다. 특히, 코로나가 본격적으로 확산된 2020년 한 해는 가정이라는 울타리 속에서 대부분의 시간을 보냈습니다. 정치·사회·경제·문화 모든 면에서 다소 어둡고 침울하고 무거운 한 해였습니다. 코로나를 겪고 대한민국 사회 전반의 분위기는 많이 변화한 듯합니다. 개인의 위생을 더 신경 쓰는 시대가 되고, 회식과 같은 조직문화들도 큰 변화를 겪었으며, 사람들의 생활양식이 더 개인화되는 큰 변곡점이 되었습니다. 이러한 시대적 상황이 오히려 독서하고 사색하기에는 좋을 수 있습니다. 하지만 실상은 TV나 유튜브를 가까이하는 경우가 많습니다. 영상은 재생만 해 놓으면 손쉽게 정보를 얻거나 재미를 추구할 수 있기 때문입니다. 요즘 TV 채널을 돌리다 보면 요리 프로그램이 아주 많습니다. 그중 최근 가장 인기 있던 프로그램은 〈흑백요리사〉라는 요리 경연 프로그램이었습니다. 이외에도 〈냉장

고를 부탁해〉, 〈편스토랑〉, 〈골목식당〉, 〈백파더〉, 〈수미네 반찬〉 등 수많은 요리 프로그램들이 있었습니다. '그러면 이 책도 세상 사람들의 관심에 맞는 요리의 그릇에 관한 이야기를 하는 건가?' 아닙니다. 이 책은 인간의 그릇, 성품의 그릇, 잠재력과 자질로서의 그릇을 논하기 위해 태어났습니다.

그런데 왜 하필 그릇일까요? 본격적으로 원고를 쓰기 시작한 2020년 12월 29일, 저는 고작 34살의 사회 초년생이고 예비 아빠였습니다. 길지 않은 세월 동안 많은 것을 도전하고 다양한 고민들을 하며 살아왔습니다. 세상 사람들 모두 서로 다른 성장 과정을 거쳤고, 다른 위치에서 일을 하며, 각기 다른 사고방식을 가지고 살아갑니다. 신기하게도 서로 다른 수많은 사람들이 공통적인 고민거리를 가지고 살아갑니다. 정확히 말하자면 최소한 이러한 주제로 고민을 한 적이 있었지만 답을 찾지 못해 잠시 접어 두고 사는 사람이 대부분일 것입니다. 저 역시 예외는 아니었습니다. '사람은 죽으면 어떻게 되는 것인가?', '운명이란 있는 것인가?', '사람의 그릇은 정해져 있나?', '나는 나의 그릇에 맞는 삶을 살아가고 있나?' 하는 질문들을 해 왔습니다. 죽음과 운명에 관련된 문제는 아주 무거운 주제입니다. 저는 이 문제의 답을 종교와 신앙에서 찾았습니다. 이성적 접근으로는 스스로에게 위로가 되는 답을 찾을 수 없기에 신앙으로 믿음으로 살아가기로 타협했습니다. 사실 지나고 나서 돌이켜보니 그것은 제가 선택한 타협이 아닌 '인도'였다고 믿게 됩니다. 아직 턱없이 부족하지만 성숙한 신앙심을 갖기 위해 노력 중입니다.

다음 문제인 그릇과 관련된 고민은 수도 없이 해 왔습니다. 첫 번째는 '나'라는 사람의 그릇이 어느 정도인지 궁금했습니다. 답을 찾기 어려웠습니다. 여전히 찾는 중입니다. 어떨 때는 작은 것 같고, 또 어떨 때는 큰 것 같고…. 그릇의 크기가 시시때때로 변하는 것 같기도 했습니다. 나의 그릇이 한 모금 소주잔의 크기인지 밥그릇 정도의 크기인지, 아니면 오대양을 담을 수 있는 크기인지 알고 싶었습니다. 두 번째는 '나'라는 사람은 '나의 그릇'에 부합하는 삶을 살아가고 있나 궁금했습니다. 물론 이 두 번째 문제의 답을 찾기 위해서는 첫 번째 문제의 답을 찾는 것이 선행되어야 합니다. 이 문제는 삶의 만족도와 행복과도 직결된 문제이기 때문에 많은 사람들이 공통된 고민을 가지고 살아가고 있습니다. 이 문제는 저의 문제이기도 하지만 이성적 사고를 가진 모든 사람들의 고민이기도 합니다. 우리 각자의 그릇을 찾기 위해서, 또 그 그릇의 크기와 품질에 영향을 주는 요인들에 대한 고민의 여정을 함께 떠나 봅시다.

행복을 위한 첫걸음 – 자신의 그릇을 아는 것!

자신의 그릇을 아는 것이 중요한 이유는 바로 '행복'을 위한 첫 번째 관문의 열쇠이고 행복을 위한 첫걸음이기 때문입니다. 두 변수 간의 연결성이 직관적으로 와닿지 않아 고개를 갸우뚱할 수도 있습니다. 자신의 그릇을 아는 것과 행복의 상관관계에 대해서 살펴보려고 합니다.

행복을 추구하지 않는 사람은 없습니다. 모든 사람들은 저마다 다른 방식의 행복을 추구하며 살아가고 있습니다. 스스로 삶을 마감하는 사람조차도 최소한 행복을 추구했던 사람이었습니다. 누구든 행복한 삶을 살아가고 자신의 삶을 대한 주권을 가질 권리가 있습니다. 여기서 잠시 질문을 던져 봅니다.

"당신은 지금 행복하십니까?"

가벼운 듯하면서도 결코 가볍지 않고 생각해 볼수록 아주 묵직한 질문입니다. 그렇게 행복을 갈망하며 살고 있는데, 저마다의 행복을 위해 달리고 있는데 왜 행복에 대한 확신이 들지 않고 흔쾌히 "YES!" 라는 답이 나오지 않을까요? 이것은 몇 가지 이유가 복합적으로 작용합니다. 첫째, 행복에 대한 정의가 어렵습니다. "행복"을 모든 사람이 공감할 수 있을 정도로 명쾌하게 정의 내리는 것은 매우 어려운 일입니다. "사랑"을 정의하는 것이 어려운 것처럼. 행복이라는 감정적·정서적 영역을 일정한 단어들을 조합하여 이성적 영역에서 정의를 내리는 것 자체가 불가능에 가깝지 않을까 생각합니다. 하지만 논의의 진행을 위해서 행복에 대한 저만의 정의를 내려 보고자 합니다. 물론 모든 이가 공감하리라 욕심내지 않습니다. 제가 생각하는 행복은 '정서적 만족의 상태'입니다. 행복감을 느끼는 것은 사람마다 모두 다릅니다. 먼저 질적인 측면과 영역의 측면에서 다릅니다. 누군가는 타인을 돕고 사회에 공헌하는 것을 통해 행복감을 느끼고, 또 다른 누군가는 시간적 여유와 안락함에서 행복감을 느끼며, 어떤 이는 경제적 부에서 행복감을 느끼기도 합니다. 행복감을 느끼는 분야는 무궁무진합니다.

또한 행복은 양적인 측면에서도 사람마다 다릅니다. 논의의 편의를 위해서 경제적 부와 관련하여 예를 들어 보려 합니다. 어린아이는 군것질을 충분히 할 수 있는 1만 원으로도 아주 큰 행복감을 느낄 수 있습니다. 반면에 수조 원대의 자산가에게는 수천만 원도 행복감을 주지 못할 수 있습니다. 즉, 저마다 행복감을 느끼는 양적 수준은 너무나 다릅니다. 이렇듯 행복은 매우 상대적인 개념입니다. 그래서 행복을 조금 더 이해하기 쉽도록 행복방정식으로 수식화해 보려고 합니다. 물론 다양한 사람들이 제시하는 각양각색의 행복방정식이 존재합니다. 그중 가장 직관적이고 가장 공감이 되는 행복방정식을 소개해 드립니다.

$$행복 = \frac{물질적\ 가치}{만족감의\ 수준(늑욕심)}$$

행복이라는 결과 값에 영향을 미치는 변수는 ① 물질적 가치와 ② 만족감의 수준이 있습니다. 행복이라는 결과 값이 커지기 위해서는 두 가지 방안이 있습니다. 분자인 ① 물질적 가치를 증가시키는 방법과 분모인 ② 만족감의 수준을 감소시키는 방법입니다. 보통 사람들은 물질적 가치, 경제적 가치를 증대시키는 데 많은 공을 들입니다. 돈을 벌고, 저축을 하고, 좋은 집과 좋은 차를 사고, 좋은 옷을 입고. 물론 이러한 물질적 가치들을 통해 행복감을 느끼는 사람들이 많습니다. 하지만 그러한 물질적 가치 증대만으로 행복감을 극대화하고 유지할 수 있을까요? 물질적 가치 증대로 인한 행복감 증대에는 한계가 존재합니다. 스스로 만족할 줄 알고 감사한 마음을 갖는 것, 즉 행복 방정식에서 분모를 작게 하는 것은 행복을 더 극대화 할 수 있는 방법입니다.

아래의 표를 보면 이해하기 쉬울 것 같습니다.

① 물질적 가치가 증가하는 경우의 행복

물질적 가치	10	11	12	13	14	15	16	17	18	19
만족의 수준	10	10	10	10	10	10	10	10	10	10
행복(값)	1	1.1	1.2	1.3	1.4	1.5	1.6	1.7	1.8	1.9

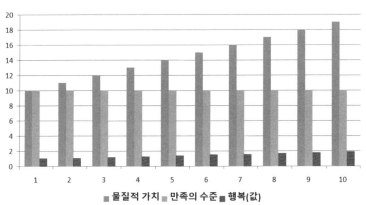

② 만족의 수준이 감소하는 경우의 행복

물질적 가치	10	10	10	10	10	10	10	10	10	10
만족의 수준	10	9	8	7	6	5	4	3	2	1
행복(값)	1.0	1.1	1.3	1.4	1.7	2.0	2.5	3.3	5.0	10.0

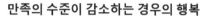

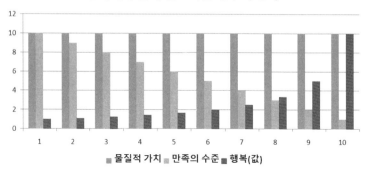

만족의 수준이 감소하는 경우의 행복

■ 물질적 가치 ■ 만족의 수준 ■ 행복(값)

표와 그래프를 보면 알 수 있듯이 분자인 물질적 가치의 변화보다 분모인 만족의 수준의 변화가 행복이라는 결과 값에 더 큰 폭의 영향을 주고 있습니다. 다시 우리의 실상에 비추어 봅시다. 물질적 풍요가 주는 행복감은 산술적인 증가를 보이거나 경제학에서의 한계효용 체감의 형태를 보이지만, 만족의 수준의 감소로 인한 행복감은 기하급수적으로 증가합니다.

그릇 이야기로 돌아가 봅시다. 자신의 그릇을 알고 그 그릇의 크기와 용도에 맞게 살아간다는 것은 행복 방정식에 있어서 분모의 수준을 낮추거나 일정한 수준으로 고정화시키는 것을 의미합니다. 그리고 분자인 물질적 가치 즉, 그릇의 외형과 품질을 추구한다는 것을 의미합니다. 하지만 보통은 정반대로 추구하는 경우가 많습니다. 자신의 그릇을 알지 못하고 만족의 수준과 욕심이 커지고 물질적 가치의 증가는 수반되지 않는 경우가 다반사입니다. 그런 삶은 결코 행복할 수 없습니다. 즉, 자신의 그릇을 알고 그것에 걸맞은 삶을 추구한다는 것은 행복의 지름길로 가는 것입니다.

자기 자신을 아는 것, 자신의 그릇을 아는 것이 중요한 이유에 대해서는 여러 고전과 철학자들을 통해서 쉽게 알 수 있습니다. 먼저 서양의 대표적인 철학자, 소크라테스를 떠올릴 수 있습니다. 소크라테스는 예수, 석가모니, 공자와 더불어 세계 4대 성인 중 한 명으로 추앙받는 철학자입니다. 그가 남긴 명언 중에 우리에게 가장 친숙한 것이 있습니다.

"너 자신을 알라."

이 문장은 소크라테스 철학의 집약체입니다. 자신의 무지를 알고 인정하는 것이 핵심이라는 것입니다. 우리 주변에서 본인의 박학다식함을 뽐내고 싶어 혈안이 되어 있는 사람을 접할 때가 있습니

소크라테스 (기원전 470?~기원전 399)
◇ 고대 그리스의 철학자
◇ 제자인 플라톤과 크세노폰의 저서를 통해 널리 알려짐
◇ 철학의 아버지로 칭송
◇ 명언: "너 자신을 알라."
◇ 산파술, 문답법

다. 잘 생각해 보면 우리 주변에 한둘쯤은 떠오르는 사람이 있을 것입니다. 이런 사람의 특징은 말하는 것을 좋아하고 자신이 알고 있는 얄팍한 지식을 쥐어 짜내는 것을 아주 좋아합니다. 물론 그 사람들을 통해서 우리가 얻는 정보들도 많습니다. 하지만 깊이가 없는 경우가 대부분입니다. 일부분은 맞지만 또 다른 부분은 틀린 경우가 많습니다. 자신이 얄팍하게 알고 있는 것에 대해 확신에 찬 목소리로 이야기 하는 것을 듣고

있노라면, 이 말이 무척이나 하고 싶어집니다.

"너 자신을 알라."

사람은 평생 공부를 하며 살아갑니다. 그럼에도 불구하고 절대적 진리를 찾고 앎의 완성 경지에 이른 사람은 없다고 보아도 무방한 듯합니다. 따라서 지식과 진리 앞에서 겸손할 필요가 있습니다. 자기 자신의 부족함도 제대로 꿰뚫어 볼 수 없는 사람이 어찌 지식을 뽐낼 수 있을까요?

소크라테스가 말한 앎의 대상은 자기 자신에서 출발해서 자기 자신으로 완성됩니다. 그 말은 자기 자신의 그릇을 아는 것은 쉽게 접근할 수 있지만 정확히 아는 것은 매우 어렵다는 것을 의미하기도 합니다.

유학(儒學)의 대표적인 경전으로 사서오경이 있습니다. 《논어》, 《맹자》, 《대학》, 《중용》의 사서와 《시경》, 《서경》, 《역경(주역)》, 《예기》, 《춘추》의 오경으로 구성됩니다. 이중 《대학》은 '큰 배움의 길을 걷는 사람들이 닦아야 하는 것들'

> ### 주자
> ### (1130~1200)
>
> ◇ 중국 남송의 철학자
> ◇ 성리학 집대성
> ◇ 명언: "천리(天理)는 인욕(人欲)을 따를 수 없다.", "사람은 본래 착한 본성을 가지고 있으니, 그것을 바르게 인도해야 한다."

에 대한 담론, 통치자에 대한 철학이 담긴 책이라 볼 수 있습니다. 송대의 주자는 《대학》을 공부하는 주체가 "천자의 아들들과 경(卿)·대부(大夫)·사(士)의 맏아들, 그리고 평민 중 우수한 자"로 보았습니다. 우리에게 친숙한 조선 후기 실학자 다산 정약용 역시 주자의 의견과 궤를 함께하는 주장을 펼쳤습니다. 즉 동아시아의 전통 사회에서 《대학》을 읽고 학습하는 주체는 주로 지도층이었습니다.

《대학》에서 강조하는 핵심 가치는 3강령 8조목입니다. 3강령은 명명덕, 신민(친민), 지어지선이고 8조목은 격물, 치지, 성의, 정심, 수신, 제가, 치국, 평천하입니다. 이중 자신의 그릇을 아는 것과 관련된 가치가 "격물"입니다. 격물(格物)의 물(物)은 사람을 포함한 존재하는 모든 것을 의미합니다. 즉, 격물은 사람(자신)을 포함한 모든 만물의 이치를 탐구한다는 의미입니다. 주자는 유학의 공부에서 최우선으로 힘을 쏟아야 하는 것이 《대학》이며, 《대학》에서 가장 힘을 쏟아야 하는 가치가 《격물》이라고 주장한 바 있습니다. 동양의 학문에서도 격물 즉, 자신을 포함한 사물의 이치를 아는 것이 가장 중요한 것임을 알 수 있는 대목입니다.

이렇듯 동서고금을 막론하고 자기 자신에 대해 아는 것, 자신의 그릇을 아는 것의 중요성에 대해 강조하고 있습니다. 하지만 정보의 홍수 속에서 사는 요즈음, 대부분의 현대인들은 외부의 정보 습득에 급급한 나머지 자기 자신에 대해서 제대로 들여다보고 성찰할 시간을 갖지 못하고 있습니다. 자신에 대한 성찰 없는 정보 습득은 사상누각(沙上樓閣)과 같습니다. 기초가 튼튼하지 못한 집은 외부의 작은 충격에도 쉽게 무너지고 맙니다. 집의 근간이 튼튼해야 하는 것처럼, 개인의 근간이라 할 수 있는 굳건한 성찰은 반드시 필요합니다. 다양한 환경과 상황에서 수많은 사람들을 접하고 살아야 하는 현대인들에게 더욱더 필요한 까닭입니다.

자신에 대한 성찰과 수신(修身)이 부족한 경우, 극단적인 경우에는 스스로 생을 마감하는 경우도 있습니다. 뉴스를 통해 접한 자살 관련 소식 중 개인적으로 가장 충격을 주었던 인물 2명이 있습니다. 톱배우 최진실과 전 서울시장 박원순. 최진실은 우리나라 최고의 여배우 중 한 명이었습니다. 아름다운 외모와 밝고 명랑한 성격으로 많은 이들의 사랑을 받았습니다. 그러던 그녀가 2008년 어느 날, 제가 대학교 2학년이던 해에 스스로 목숨을 끊었다는 소식을 듣게 되었습니다. 자살과 관련한 첫 번째 충격이었습니다. 많은 사람들의 사랑을 받으며 최고 반열의 인기를 누리던 그녀가 무엇이 아쉽고 힘들어 자살을 선택했을까요? 악플러들의 악플? 결혼생활 실패로 인한 우울감?

　두 번째 큰 충격은 전 서울시장 박원순입니다. 다들 잘 알고 있듯이, 박원순 시장은 인권변호사 출신으로 한평생을 민주화와 인권을 위해서 권력에 대항했던 인물입니다. 그러한 이력 덕분에 대한민국의 수도, 서울의 시장을 내리 3선을 지냈습니다. 유력한 대권후보로도 이름을 올렸던 잘나가는 정치인이었습니다. 그러던 그가 2020년 7월 9일, 가족들에게 자살을 암시하는 연락을 남긴 채 실종이 됐다는 뉴스를 접하게 됐습니다. 그에 대한 정치적 지지 여부를 떠나서 저는 그가 꼭 살아 돌아오길 바랐습니다. 설사 극단적 선택을 하더라도 한시라도 빨리 그를 찾아서 살려 내길 바랐습니다. 하지만 안타깝게도 많은 사람들의 바람을 뒤로한 채 그는 차가운 주검으로 발견되었습니다. 저에게는 최진실의 자살보다 더 충격적인 사건이었습니다. 그의 최초 비관 시점부터 자살이라는 행위의 실행까지 긴 시간을 소요하지 않은 것으로 보입니다. 무엇이 많은 사람들로부터 지지받는 정치인을 역사의 뒤안길로 이끌었을까요? 불명예? 수치심? 가족과 지지자들에 대한 미안함? 명백한 자살의 시초는 그의 성추행과 성희롱과 같은 '성(性)적 범죄'에서 기인했습니다. 그런 잘못이 밝혀졌다고 해도 대부분의 사람들은 자살이라는 극단적인 선택까지는 하지 않습니다. 오히려 떵떵거리고 아무 죄책감 없이 살아가는 사람도 있습니다. 그런데도 그는 한순간에 세상과 등을 졌습니다.

두 유명인사의 사례 이외에도 많은 사람들이 알고 있는 수많은 사례들이 존재하며, 각종 통계수치를 통해서도 자살과 관련된 대한민국의 현주소를 쉽게 알 수 있습니다.

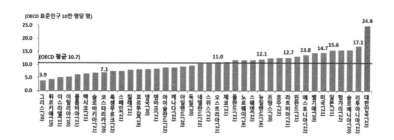

* 자료: OECD.STAT, Health Status Data(2023.9. 추출), 우리나라 최근 자료는 OECD 표준인구로 계산한 수치임.
* OECD 평균은 자료 이용이 가능한 38개 국가의 가장 최근 자료를 이용하여 계산.

〈출처〉보건복지부 2023년 자살사망통계 발표('24.10.4.)

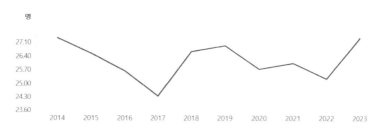

자살률
27.3명 (10만명당 자살자수) '23

출처 KOSIS (통계청, 사망원인통계)

　한국의 자살률은 우리에게 많은 시사점을 주고 있습니다. OECD 국가 중 자살률 부동의 1위인 나라, 인구 10만 명당 스스로 목숨을 끊는 사람이 약 30명에 육박하는 국가 대한민국. 가슴 아픈 현실입니다. 왜 우리나라는 이런 불명예 국가가 되었을까요? 학자들마다 다양한 측면에서 원인을 찾고 있습니다. 일반인들도 쉽사리 그 원인을 추정해 볼 수 있습니다. 경제적 궁핍, 우울증, 삶의 비관, 삶의 도피와 외면하고 싶은 심리, 따돌림, 부조리, 불명예 등등. 긍정적인 감정에 기인한 자살은 없습니다. 어떠한 이유에서건 자살의 시작에는 매우 부정적인 심리 상태가 있습니다. 그런데 의문이 듭니다.

　'부정적인 심리상태에 기인한다고 해서 스스로 극단적 선택을 하는 것이 이해 가능한(수용 가능한) 일인가?'

'인간은 자신의 생명에 대한 선택권이 있는가?'

다양한 의견이 존재하겠지만, 저는 "NO!"라고 봅니다. 인간은 자신의 삶의 시작인 출생의 과정에서도 자기선택권은 없었습니다. 부모님으로부터 육체를 물려받고 영적 영역에서 영혼을 대여받은 임차인에 불과합니다. 물론 한평생 생명을 제외한 영역에서 자기결정권을 부여받습니다. 하지만 생명에 대한 자기결정권은 주어지지 않습니다. 명백한 월권입니다. 그럼에도 불구하고 자살을 하는 이들은 왜 극단적 월권을 선택한 것일까요? 저는 그 원인을 '자신'에서 찾습니다. 내·외부에서 시작된 스트레스 상황을 극복하는 힘, 대처하는 정신력에 달려 있다고 봅니다. 이러한 힘은 단시간에 얻어지는 것이 아닙니다. 이 힘을 기르는 시작은 자신에 대한 성찰입니다.

그릇의 크기와 품질에
영향을 주는 요인

앞서 자신의 그릇을 제대로 아는 것의 중요성에 대해서 살펴봤습니다. 이번에는 '나'라는 그릇이 형성되는 데 영향을 미치는 요인에 대해서 살펴보려 합니다. 도자기 만드는 과정을 살펴봄으로써 인간 그릇을 비유해 보겠습니다.

영롱한 도자기를 완성하려면 여러 공정을 거쳐야 합니다. 그 과정을 축약하면 아래와 같습니다.

---

① 도토(陶土): 양질의 도자기용 흙을 구함.
② 수비(水飛): 그 흙을 가공하여 도자기용 재료인 질흙을 만듦.
③ 성형(成形): 빚어서 도자기 모양을 만듦.
④ 유약(釉藥): 유약을 바름.
⑤ 굽기: 불가마에 넣어 구움.

좋은 도자기를 만들기 위해서는 도자기 만드는 데 적합한 좋은 흙을 구해야 합니다. 아무 흙을 사용해서는 안 됩니다. 옹기를 만드는 데 적합한 흙이 있고, 도자기를 만드는 데 사용되는 흙이 따로 있습니다. "흙"이 그냥 "흙"이지 하는 것은 금물입니다. 씨앗부터 다릅니

다. 그리고 그 흙을 미세하게 빻고 물을 섞어 도자기를 빚을 수 있는 재료인 질흙을 만듭니다. 물을 넣고 흙이 가라앉으면 물을 빼는 과정을 여러 차례 반복하고 남는 흙을 건조시키는 과정을 거칩니다.

　도자기를 만들기 위한 재료 준비가 끝났습니다. 이제는 좋은 재료로 도자기 모양을 빚습니다. 물레에 질흙을 올려서 돌려 가며 도자기의 외형을 갖춰 갑니다. 적절한 손의 힘과 균형, 물레의 회전 속도, 질흙의 양 등 여러 요인들이 도자기 모양 형성에 영향을 미칩니다. 다음으로 유약을 바르게 되는데, 유약도 어떠한 재료를 쓰는지, 재료의 배합 비율을 어떻게 하는지에 따라, 완전히 다른 도자기가 됩니다. 이제 마지막 단계인 불가마에 굽기입니다. 굽는 과정에서는 온도와 시간 관리가 매우 중요합니다. 어떠한 나무로 불을 때는지, 특정한 온도를 얼마나 잘 유지하는지에 따라 도자기의 가치가 완성됩니다. 이러한 일련의 과정에서 도자기가 탄생하는데 이 중 아주 미세한 차이만으로도 수억 원을 호가하는 명품 그릇이 되기도 하고, 바로 깨뜨려야 할 쓰레기가 되기도 합니다.

　도자기가 만들어지는 과정을 통해 알 수 있듯이, 한 인간의 그릇이 만들어지기까지 수많은 과정을 거치고 그 과정에서의 미묘한 차이가 결과의 큰 차이를 만들 것이라고 쉽사리 짐작할 수 있습니다. 다만, 도자기를 만드는 과정은 매우 정형화되어 있지만, 인간의 그릇은 정형화된 틀이 없습니다. 이러한 이유로 동질한 인간은 있을 수 없습니다. 쌍둥이인 저조차도(제가 쌍둥이 형제 중 형입니다.) 점차 서로 다른 그릇을 만들어 가고 있다는 것이 이를 방증합니다. 우리 쌍둥이는 외모, 성격, 사고방식, 성장환경이 아주 흡사합니다. 유년시절은 말할 것도 없고, 초·중·고·대학교까지 같은 학교를 다녔습니다. 대학교를 다니면서 과외와 봉사활동, 학생회 활동까지 함께 했습니다. 그만큼 공통분모가 아주 많습니다. 하지만 대학졸업 후 조금씩 다른 길을 걸어가고 있습니다. 저는 대학졸업과 동시에 육군장교로 군복무를 하고, 동생은 육군 병장으로 군복무를 마치고 졸업 후 대기업에 입사했습니다. 거기에서 가장 큰 갈림길이 존재했습니다. 우리는 아마 아주 흡사한 그릇을 갖고 있는 것 같습니다. 다만, 각자의 그릇에 각기 다른 내용물을 담으며 살아가고 있습니다. 시간이 지나면서 점차 그릇의 형태나 크기도 차이가 생길 것입니다. 향후 어떠한 비전을 갖고 어떠한 경험들로 삶을 채워 가느냐에 따라 더 큰 차이가 생길 것 같습니다.

엄마 배 속에서부터 사람 그릇은 형성된다

그러면 과연 어떠한 요소들이 인간의 그릇에 영향을 미치고 차이를 만들어 내는지 살펴보려 합니다.

본성론에 대한 논의를 해묵은 논쟁으로 치부해서는 안 됩니다. '인간의 본성은 선하거나 악한 것으로 정해져 있는 것인가, 아니면 선하지도 악하지도 않으며 삶의 과정에서 형성될 뿐인 것인가?' 현인으로 존경받는 사상가들 역시 다양한 주장을 펼쳤습니다. 맹자나 루소는 성선설을 주장했는가 하면, 순자나 홉스는 성악설을 주장했고, 고자와 로크는 성무선악설과 백지설을 주장했습니다. 인간의 본성을 어떻게 바라보고 진단하느냐에 따라 인격수양부터 통치철학까지 다른 처방에 이르게 됩니다. 인간의 기질은 본성과는 다릅니다. 인간의 본성은 모든 인간이 근본적으로 갖고 있는 보편의 특성인 반면, 기질은 사람마다 태어나면서 각기 다른 성격적 특성을 갖는 것입니다. 흔히들 어린 유아기에 기질에 대한 평가를 많이 합니다. 어떤 아이는 매우 순한 기질을 갖고 태어나고, 또 어떤 아이는 까다로운 기질을 갖고 태어나기도 하며, 중간쯤 되는 보통의 기질을 갖고 태어나기도 합니다. 이러한 기질은 그 원인이 정확히 파악되지 않습니다. 부모의 성격, 태중의 환경, 산모의 음식 섭취 등 다양한 요인이 작용했겠지만 뚜렷한 원인 파악은 거의 불가능합니다. 어쨌든 아이들은 태어나면서부터 각자의 기질을 갖고 태어납니다. 이 기질은 한 사람의 인생 전반에 걸쳐 영향을 미칩니다. 성장과정에 있어서 그 기질이 중화되거나 변하기도 하지만 대부분은 삶을 마칠 때까지 직·간접적으로 영향을 미칩니다. 그런데 그 기질이라는 것이 절대적 선이 있는 것은 아닙니다. 각 기질마다 장점이 있고 단점이 존재합니다. 《3세 아이 잘 키우는 육아의 기본(저자: 오정림, 이경선)》에 따르면 아이의 기질을 활동 정도, 생활 리듬, 새로운 자극에 대한 흥미, 적응 능력, 반응의 정도, 기분의 질, 산만한 정도, 집중력 시간 등으로 판단했습니다.

이렇듯 대부분의 육아 전문가나 아동 심리학자들은 아이들마다 타고난 기질이 있고, 그 기질에 맞는 육아법이 있다고 주장합니다. 즉, 아이 기질의 장·단점을 정확히 파악하고 거기에 걸맞은 육아를 하라는 조언입니다.

방송을 통해서 널리 알려진 최고의 '육아 멘토'이자 '육아의 신'인 오은영 박사 역시 아이의 기질을 잘 파악하고 그 기질에 맞게 육아 방식을 달리해야 한다고 조언합니다. 기질에 맞지 않은, 부모 고집에 의한 육아 방식은 질그릇의 재료로 도자기를 만들려고 하는 옹고집일 수 있음을 명심해야 합니다. 그릇 형성의 관점에서 보면, 최소한 유년기까지는 부모의 영향과 의지가 절대적인 요인으로 작용합니다. 어린 아이의 자기결정권은 부모의 울타리 안에서 매우 제한적으로 작용하기 때문입니다. 아이가 먹고, 입고, 자는 생리적인 부분부터 의식의 흐름인 사고방식에까지 부모의 영향이 미칩니다. 이렇게 형성된 사고방식과 자아는 거의 평생에 걸쳐 한 삶과 동행하게 됩니다. 따라서 부모의 육아는 한 사람의 인생과 그 그릇을 만드는 가장 강력한 기초가 됩니다.

이 책의 원고를 처음 시작한 시점에 저는 예비 아빠였습니다. 위에서 언급했던 것처럼, 아이의 인생과 그릇에 저와 제 와이프가 얼마나 중요한 영향을 미치는지 잘 알고 있기에 더 조심스럽습니다. 심지어 어떠한 정자와 난자가 만났는지, 태중에 있을 때 엄마가 어떤 음식을 먹는지, 엄마의 기분 상태가 어떠한지, 엄마와 아빠가 어떠한 대화를 나누는지도 아이에게 영향을 줍니다. 이러한 영향 때문인지 동서고금을 막론하고 부모들은 태교에 엄청난 관심을 갖게 됩니다. 클래식을 듣고, 영어 동요를 듣고, 요가나 필라테스 등을 하기도 합니다.

인간 지능의 대부분은 선천적으로 타고난다고 주장하는 학자들이 많습니다. 대표적으로 미국 하버드 대학의 헌스타인과 머레이 (Herrnstein and Murray) 박사는 인간의 지능지수, 즉 IQ는 80% 정도가 유전된다고 주장했습니다(The Bell Curve, 1994). 하지만 이러한 주장과 상반되는 주장 역시 존재합니다. 미국 피츠버그 대학의 합동 연구진은 세계적 권위를 인정받는 《네이처》지를 통해 '인간의 지능은 유전적 요소보다 자궁 내 환경이 더욱 중요하다.'는 내용의 논문을 게재했습니다. 유전자는 사람의 IQ를 결정하는 데 48%의 역할밖에 없다고 결론을 내렸습니다. 즉 인간의 지능지수의 형성에는 자궁 내 환경, 즉 태내 환경이 결정적이란 것입니다(박문일, 2002 재인용).

내 아이가 좋은 유전자를 갖기 위해서는 나보다 더 나은 유전자를 가진 배우자를 만나는 방법밖에 없습니다. 하지만 이는 통제 가능한 범위가 아닌 경우가 많습니다. 그래서 이 부분에 대한 추가적인 논의는 아껴 두려 합니다. 그나마 우리가 2세를 위해서 할 수 있는 방법은 태교에 힘쓰는 것입니다. 시중에 육아 관련된 서적들이 넘쳐 납니다. 모두 하나 같이 태교의 중요성을 강조합니다. 명백한 공통분모가 존재합니다. 그것을 풀어서 쓰는 서술 능력과 몰입감에서 차이가 있을 뿐입니다. 첫 번째는 스트레스 관리입니다. 특히 아이를 품고 있는 엄마의 스트레스 관리는 절대적입니다. 엄마 배 속의 태아는 엄마로부터 영양분을 공급받을 뿐만 아니라 엄마의 감정 상태도 고스란히 전달받습니다. 우리 눈에는 보이지 않지만 엄마의 기쁨, 슬픔, 화남, 우울감을 태아도 함께 느끼고 있습니다. 태아가 느끼는 감정의 정도가 전달과정에서 증폭하는지 혹은 경감되는지 명확하지 않지만 분명한 것은 엄마의 부정적 감정이 태아의 생명까지 위협할 수 있다는 것입니다. 엄마가 스트레스를 받을 때 태아의 심장박동수의 변화, 뇌파의 변화, 태동의 추이 등이 이를 입증하고 있습니다. 심각한 경우에는 태아가 스스로 탯줄을 목에 감아 유산을 초래하기도 합니다. 반면에 엄마가 좋은 기분을 유지할 때, 미소를 지을 때 태아도 함께 웃고 기분 좋은 몸짓을 하기도 합니다.

따라서 스트레스 받는 상황을 최대한 피하고, 그 상황을 피하지 못한다면 낙관적으로 받아들이고 극복할 필요가 있습니다. 스트레스 상황도 생각하기 나름, 받아들이기 나름입니다. 스트레스를 받을 경우 그것 자체가 문제라기보다는 그것을 스트레스 상황으로 받아들이고 그 상황에 과도하게 몰입하는 것이 문제입니다. 적절한 스트레스와 긍정적 해석은 오히려 우리 몸과 정신에 활력을 불어넣어 주기도 합니다. 스트레스를 과도하게 부정적인 것으로 인식하는 우리 자신에게 문제의 원인이 있습니다. 스트레스 상황을 피할 수 있다면 피하되 그럴 수 없다면 적극적으로 수용하고 즐기는 자세가 필요합니다.

다음으로 양질의 영양분을 섭취해야 합니다. 태아는 시기마다 중점적으로 요구되는 영양분이 다릅니다. 그 시기마다 필요로 하는 양질의 영양소를 제공해 주어야 합니다. 스트레스 관리와 좋은 영영분 섭취가 양질의 그릇을 만드는 핵심적인 초석입니다. 물론 부수적인 것들도 많습니다. 양서로 독서하기, 언어발달을 위해 외국어를 자주 접하기, 요가, 다양한 냄새 맡기, 수학 문제 풀기, 좋은 음악 듣기 등. 태아도 엄마를 통해서 다양한 감각을 익히고 느끼기 때문에 이러한 요소들은 태아에게 긍정적인 자극을 줍니다. 하지만 이러한 부수적인 태교 활동에도 불구하고 산모가 스트레스 관리에 실패하거나 양질의 영양분 섭취를 하지 못한다면 공염불입니다.

태아는 태어나자마자 본능적으로 보호를 갈구합니다. 그 어떤 것과도 비교할 수 없는 엄마의 자궁이라는 안락함 속에서 10개월을 보냅니다. 심각한 외부적 자극이나 산모의 강한 스트레스 상황이 아니라면 태아는 온전히 보호받고 있음을 느낍니다. 하지만 출산에 임박한 순간에는 태아가 극도의 스트레스를 받습니다. 출산의 방식이 자연분만이든 제왕절개 분만이든 마찬가지입니다. 자연분만이 태아에게 가장 정서적 안정감을 주고 외부환경에 대한 수용성, 면역력, 신체의 회복력 등의 측면에서 우수하다는 주장이 많습니다. 하지만 이러한 자연분만도 태아에게는 굉장한 스트레스 상황입니다. 최고의 요람인 엄마의 자궁에서 잘 지내다가 출산 시점이 되면 자신의 머리 크기보다 훨씬 작고 좁은 산도를 통과해야 합니다. 태아는 머리와 어깨에서 상당한 압박감을 느낄 것입니다. 그 압박과 통증을 겨우 지나와 세상의 빛을 본다고 해서 끝이 아닙니다. 너무 눈이 부셔서 눈이 아플 정도일 것 같습니다. 10개월의 시간동안 엄마 배 속의 어두운 환경에 있다가 분만실의 빛을 보면 당장 눈이 무척 아플 것 같습니다. 그래서 요즘은 최대한 태아가 스트레스를 받지 않도록 분만실 환경을 어둡게 하기도 합니다. 또 너무 춥습니다. 자궁 속에서는 엄마의 온기와 양수의 온도가 태아를 따뜻하게 감싸 줬습니다. 하지만 이제는 태아 스스로 자신의 체온으로 버텨야 합니다. 스트레스입니다.

또 너무 낯선 환경입니다. 낯선 냄새, 낯선 온도, 낯선 사람들의 음성, 너무 낯설고 두려워 금세 울음을 터뜨리고 맙니다. 엄마의 목소리, 엄마의 냄새를 맡고 나서야 그나마 진정을 합니다.

　제왕절개 분만은 어떨까요? 제왕절개 분만은 산모의 복부를 절개한 후 자궁을 절개하고 태아를 분만하는 수술법입니다. 즉, 엄마 배 속에서 잘 지내고 있는 태아를 적절한 시기에 강제로 꺼내는 것입니다. 태아의 입장에서 생각해 봅시다. 엄마 배 속에서 잘 놀거나 잘 자고 있는데, 태아 스스로는 아직 세상 빛을 보겠다는 용기를 내기도 이전인데 불쑥 꺼내 버리는 것입니다. 태아의 의지나 선택권은 없는 상태로 말입니다. 저는 그 기분이 어떨까 고민해 봤습니다. 저의 관점에서 비슷한 기분일 것 같은 상황은 이정도 상황이지 않을까 싶습니다. 아주 기분 좋게 잘 자고 있는데 아주 낯선 사람이 얼음장 같은 냉수 한 바가지를 저의 얼굴에 확 뿌렸을 때의 느낌? 물론 경험해 보지 못한 일입니다. 태아가 느낄 당혹스러움과 분노, 스트레스가 이쯤 될 것 같습니다. 하지만 자연분만에 비해 어렵사리 산도를 통과해야 하는 스트레스는 없습니다. 세상 밖에 나왔을 때 낯선 상황에 대한 스트레스와 불안감 등은 자연분만보다는 더 클 것입니다. 태아 스스로 마음의 준비를 할 시간이 없었던 까닭입니다.

　이렇듯 자연분만이든, 제왕절개 분만이든 분만 형태와 무관하게 태아는 출산 직전부터 직후까지 극도의 스트레스 상황에 접하고 전적으로 보호를 갈구합니다. 이러한 극도의 스트레스 때문인지 아이가 태중을 기억하는 경우는 있어도 출산하는 과정을 기억하는 경우는 없습니다. 다 큰 성인조차도 극도의 스트레스 상황에 처하면 순간 기억을 잃거나 미주신경성 실신*을 경험하기도 합니다. 그러한 능력(?)은 어쩌면 평생 지울 수 없는 극도의 스트레스를 스스로 싹 날려 버릴 수 있도록 신이 우리에게 선사한 선물인지도 모릅니다.

〈미주신경성 실신〉

실신 중 가장 흔한 유형으로 신경 심장성 실신이라고도 한다. 극심한 신체적 또는 정신적 긴장으로 인해 혈관이 확장되고 심장 박동이 느려져 혈압이 낮아지는 현상이 갑자기 나타나는데, 급격히 낮아진 혈압 때문에 뇌로 가는 혈류량이 감소하여 일시적으로 의식을 잃는 것을 미주신경성 실신이라고 한다.

[네이버 지식백과] 미주신경성 실신 [Vasovagal Syncope]
(서울대학교병원 의학정보, 서울대학교병원)

출산 과정에서 태아의 스트레스 상황과 관련하여 우리가 주목할 점은 "보호와 의존심리"입니다. 일본의 심리학자 가토 다이조는 《나는 왜 눈치를 보는가》를 통해 성인이 되어서도 타인의 눈치를 보는 사람들의 원인을 '유아적 의존욕구'의 결핍에서 찾았습니다. 신생아, 유아기, 유년기 아이들은 부모의 보호와 사랑을 갈구하는 의존적인 심리가 강하게 작용합니다. 하지만 그러한 의존욕구가 충족되지 않으면 자립성과 독립성, 주체성을 보여야 할 어른이 되어서도 타인의

눈치를 보고 의존적 성향을 가지게 된다고 주장합니다. 가토 다이조의 주장을 살펴보면, 타인에 대해서 눈치를 보는 것뿐만 아니라 성인이 겪는 대부분의 사회적·심리적 문제의 원인을 유아적 의존욕구의 결핍에서 찾고 있다고 해도 과언이 아닙니다. 저는 이 책을 보면서 상당 부분 공감했습니다. 아이 입장에서 가장 가깝고 전적으로 의지하게 되는 부모로부터 사랑을 받지 못한다거나 적절한 피드백을 받지 못하면 결핍을 느끼게 될 것입니다. 그 결핍을 채우기 위해서, 부모로부터 관심을 받기 위해서 인위적이고 자연스럽지 않은 행동을 하게 됩니다. 그러한 결핍은 자신감 부족과 낮은 자존감으로 연결되며, 그로 인해 늘 마음이 불안하고 타인의 언행에 쉽게 상처를 받게 됩니다. 이러한 부정적 심리는 수많은 변수들이 작용한 결과물이지만, 그중 가장 근본적이고 강력한 원인이 유아적 의존욕구의 결핍이라는 점에 전적으로 동의합니다. 앞서 살펴보았듯이 유아적 의존욕구의 결핍으로 인한 현상은 이상적 그릇의 특성이라고 볼 수 없습니다. 그러면 위의 명제를 참으로 본다면 대우 역시 참이 됩니다. 이상적 그릇의 특성은 유아적 의존욕구의 충족에서 비롯됩니다. 유아적 의존욕구가 충족되는 신생아, 유아기, 유년기를 보낸다고 해서 반드시 이상적 그릇의 특성을 갖는 사람이 되는 것은 아닙니다. 유아적 의존욕구의 충족은 이상적 그릇 형성의 필요조건인 셈입니다.

그러면 유아적 의존욕구 충족을 위한 세부적인 방법을 살펴봅시다. 첫째는, 한결같은 사랑에 대한 신뢰 형성입니다. 가장 포괄적인 의미이고 가장 핵심적인 개념입니다. 아이 입장에서, 부모가 나를 한결같이 사랑해 줄 것이라는 믿음, 변함없을 것이라는 기대감입니다. 잘못을 해도 혼내지 않고 모든 것을 아이에게 맞춰주는 것이 사랑은 아닙니다. 무분별한 사랑은 오히려 아이를 이기적인 사람으로 만들 수 있습니다. 때로는 훈육이 필요하기도 합니다. 다만, 절대로 욱해서는 안 됩니다. 아이는 부모의 화를 감당할 수 있을 정도로 심리적으로 성장한 상태가 아닙니다. 부모가 사랑하는 마음을 전제로 철인과 같은 이성적으로 절제된 사랑을 줄 수 있어야 합니다. 이러한 점에서 이상적 그릇 형성은 대물림적 요소가 매우 강합니다. 크고 좋은 그릇의 부모가 아이를 이상적 그릇의 성인으로 만드는 데 결정적인 역할을 합니다. 두 번째는 인내를 꼽고 싶습니다. 아이는 정답을 알지 못하는 경우가 대부분입니다. 실수도 잦고 시행착오도 많습니다. 부모는 아이에게 더 많은 지식을 전달하고 싶어서, 아이의 빠른 정보습득을 위하여 문제해결에 개입하려고 하는 경향이 강합니다. 구두로 정보 전달하는 것이 학습효과가 클까요? 기본적인 단어를 익히는 데는 즉각적인 설명이 필요할 수 있습니다. 하지만 고민과 사고가 필요한 영역에서는 아이 스스로 생각할 시간이 필요합니다. 그 기다림의 시간이 답답해서 부모가 아이에게 정답을 알려 주는 것은 아이의 문제해결 기회를 박탈하는 꼴입니다. 따라서 시간이 오래 걸리더라도 아이가 오답을 향해 가고 있더라도 스스로 생각할 기회를 부여하고 오답 자체로도 인정해 줄 필요가 있습니다. 세 번째는 선택권 부여입니다. 아기가 처음 세상에 태어나면 생리적 욕구와 안전의 욕구만을 갈구합니다. 배가 고프면 모유(혹은 분유)를 달라고 웁니다. 졸리면 잠자고 싶다고 칭얼대기 일쑤입니다. 배변을 하면 기저귀 갈아달라고 웁니다. 나를 보호해 주는 엄마가 없으면 불안해서 엄마를 찾으며 울기도 합니다. 이 모든 것들은 신생아기부터 유아기의 아이들이 보이는 모습입니다. 하지만 유아기에 접어든 아이들은 조금씩 자기 고집을 부리고 좋고 싫음을 표현하기 시작합니다. 일정한 시기가 되면 부모의 의사보다 자기가 원하는 방향으로 하고자 합니다. 물론 이 시기의 주장과 고집은 잘못되었을 수도 있고, 위험한 선택일 수도 있습니다. 위험 요소가 제거된 것이라면 아이에게는 선택의 훈련이 필요합니다. 유아기의 아이에게 합리적인 판단을 기대하는 것의 불가능에 가깝습니다. 하지만 본인에게 선택권이 부여됨으로써 자신이 한 인격체로 존중받고 있다는 신호를 줄 수 있습니다. 또한 자신의 선택으로 인한 결과가 좋다면 자신감 증가에 기여할 것이고, 좋지 못한 결과가 생긴다면 다음부터 그러한 선택을 하지 말아야겠다는 교훈을 얻게 될 것입니다.

교육환경은 그릇의 용도, 품질, 크기 모두에 영향을 미친다

교육환경의 중요성을 정확히 대변하는 한 단어가 있습니다. '맹모 삼천지교(孟母三遷之敎)', 중국 최고의 사상가 중 한 명인 맹자와 관련된 한자성어입니다. 맹자의 어머니가 아들의 교육을 위해 세 번이나 이사했다는 고사에서 유래됐습니다. 이는 교육과 환경의 중요성을 강조하는 대표적인 일화로, 자녀 교육에 있어서 좋은 환경을 제공하는 것이 얼마나 중요한지를 나타내는 교훈으로 사용됩니다. 이 고사에 따르면 원래 맹자의 어머니는 묘지 근처에 살았다고 합니다. 이곳에서 맹자가 장례식 놀이를 하는 것을 보고, 어머니는 이곳이 교육에 적합하지 않다고 생각하여 시장 근처로 이사했습니다. 그러나 그곳에서도 맹자가 상인들처럼 거래하는 놀이를 하는 것을 보고, 어머니는 다시 학교 근처로 이사했습니다. 그제서야 맹자는 학문에 몰두하게 되었고, 훗날 중국 최고의 유학자가 되었다는 이야기입니다.

자녀가 더 나은 사람으로 성장하길 바라는 마음은 모든 부모의 바람일 것입니다. 어쩌면 그 마음은 인위가 없고 인간 본성에 가깝습니다. 이러한 부모의 마음이 반영된 탓일까요? 좋은 학군이라 분류되는 지역에는 자녀를 양육하는 부모 세대들이 몰리고, 집값이 오르고, 사교육이 팽배해집니다. 이러한 현상의 옳고 그름에 대해서는 논하지 않겠습니다. 다만, 자녀에 대한 부모의 마음, 부모로서의 본성에 가까운 마음 자체는 교육열을 향해 있다는 것은 인정할 수밖에 없습니다. 다만 입시 위주의 교육정책, 고교·대학 서열화 등을 부추기는 교육 정책들은 신중하게 검토되어야 할 것입니다. 교육정책은 부모의 교육열에 강한 신호이자 이정표가 될 수 있기 때문입니다.

교육환경이 얼마나 중요한지 그에 따른 효과가 어떤 차이를 보이는지 타 국가 사례들도 살펴보려 합니다.

먼저, 국민 행복지수가 1위인 국가, 핀란드의 사례입니다. 핀란드 교육 시스템은 학생 중심의 교육과 평등한 학습 기회를 제공하는 데 중점을 둡니다. 학생들이 자유롭게 생각하고 자신의 의견을 표현하며, 협력과 존중의 가치를 배우는 환경에서 자라게 됩니다. 이런 교육환경 덕분에 핀란드 학생들은 사회성, 창의성, 문제 해결 능력, 협력적인 태도 등 다양한 인격적 특성을 발달시키게 됩니다. 그 결과, 핀란드는 높은 교육 성취도뿐만 아니라, 학생들의 전반적인 행복도와 자존감 또한 높다고 합니다. 핀란드는 교육환경이 개인의 인격 성장에 미치는 긍정적인 영향을 보여 주는 대표적인 사례입니다.

다음으로, 세계 최고의 군사·경제 강국인 미국의 사례입니다. '팍스 아메리카나'라는 용어가 생길 만큼 세계에서 미국의 위치와 영향력은 상당합니다. 그렇다고 해서 미국 국민이 가장 행복하다거나, 가장 선진화된 교육환경을 갖추고 있다는 것은 아닙니다. 오히려 미국의 일부 학교에서는 학교폭력, 괴롭힘, 차별 등이 만연한 환경이 조성돼 있기도 합니다. 이러한 환경에서 자란 학생들은 낮은 자존감, 신뢰 부족, 사회적 고립감 등을 경험할 가능성이 높습니다. 학교폭력과 같은 부정적인 교육환경은 학생들이 건강한 대인관계를 형성하고 긍정적인 자아 정체성을 구축하는 데 큰 장애물이 됩니다. 이는 장기적으로 정신 건강 문제나 사회 적응의 어려움으로 이어질 수 있습니다.

이러한 사례들은 교육환경이 한 개인의 인격 형성과 성장에 얼마나 큰 영향을 미칠 수 있는지를 보여 줍니다. 긍정적이고 지지적인 교육환경은 한 사람의 자아 형성, 사회적 기술, 문제 해결 능력, 심리적 안정감 등을 촉진할 수 있는 반면, 부정적인 환경은 그 반대의 결과를 초래할 수 있습니다.

사회·문화적으로 억눌려 있던 여성들이 교육을 통해 권익이 신장된 몇몇 이슬람 국가의 사례도 있습니다. 교육의 힘으로 국민의 삶을 바꾼 성과입니다. 이슬람 국가에서 여성 교육의 힘, 성과를 이해하기 위해서는 우선 이슬람이라는 종교에 대한 기본적인 이해가 필요합니다. 이슬람의 경전이라 불리는 《꾸란》, 《하디스》, 《무함마드의 언행록》에 대한 해석의 차이가 존재합니다. 일부 보수적 또는 전통적인 해석은 여성의 역할을 가정 내로 제한하고, 공공 생활에서 여성의 참여를 줄이려는 경향이 있습니다. 예를 들어, 여성의 교육, 직업 선택, 사회적 활동에 제한을 가하는 해석들이 있습니다. 이러한 해석이 전통적 해석인 만큼 기본적으로 이슬람권 사회에서는 여성에 대한 억압이 잠재되어 있다고 할 수 있습니다. 여성의 사회 진출과 관련된 견고한 유리천장이 존재하는 셈입니다. 반면, 현대의 이슬람 학자들과 사회운동가들은 《꾸란》과 《하디스》를 여성이 남성과 동등한 권리를 가진다는 측면에서 해석하기도 합니다.

또한 현재 이슬람 국가들의 문화적·역사적 맥락도 살펴봐야 합니다. 이슬람이 처음 전파된 지역의 문화와 전통도 여성의 권리에 영향을 미쳤다고 할 수 있습니다. 이슬람 이전의 아라비아반도와 그 주변 지역에서는 가부장적 사회 구조가 존재했고, 이러한 문화적 배경이 이슬람 사회 내에서 계속 유지된 경우가 많습니다. 이슬람이 전파된 후에도 기존의 전통과 관습이 새로운 종교적 규범과 혼합되어 여전히 여성을 사회적으로 제한하는 역할을 하게 됐습니다.

이렇듯 이슬람 문화권에는 경전에 대한 전통적 해석, 문화적·역사적 맥락과 환경으로 인해 여성들의 지위와 권리가 제한되는 경우가 많습니다. 이러한 제한된 환경에서 교육을 통해 여성의 권익이 신장된 대표적 국가로는 튀르키에(터키)와 이란이 있습니다.

튀르키에는 여성 교육과 권익 신장을 위한 노력을 지속해 온 국가 중 하나입니다. 1920년대부터 무스타파 케말 아타튀르크의 개혁을 통해 여성 교육의 기회가 크게 확대되었습니다. 오늘날 튀르키에의 여성들은 교육에서 남성과 거의 동등한 기회를 누리고 있으며, 고등 교육 기관에서 여학생의 비율이 상당히 높습니다. 여성의 교육 참여 증가는 정치와 경제 활동에서도 더 많은 기회를 얻는 데 중요한 역할을 하고 있습니다. 전통적으로 이슬람 문화권에서는 여성이 최고 의사 결정권자가 되는 것을 장려하지 않았습니다. 그럼에도 불구하고 터키는 이슬람권 국가 중 최초로 정부를 대표하는 총리가 여성으로 선출(2021년, 나즐라 부덴)된 국가가 되었습니다.

이란에서도 교육이 여성 권익 신장에 중요한 역할을 하고 있습니다. 1979년 이슬람 혁명 이후로 엄격한 법적 제약이 있었지만, 여성 교육에 대한 열망은 계속해서 증가했습니다. 현재 이란의 대학 입학생 중 절반 이상이 여성이며, 많은 여성들이 과학, 의학, 공학 등 다양한 분야에서 활발하게 활동하고 있습니다. 이러한 교육적 성과는 여성들이 더 큰 사회적·경제적 역할을 할 수 있는 기회를 제공하고 있습니다.

튀르키예와 이란 이외에도 이슬람 국가들 중 여성의 권익이 신장되고 있는 국가들이 많아지고 있습니다. 이것은 표면적으로 정책적·정치적 환경변화의 결과물로 볼 수 있겠으나 그 근간에는 여성 교육의 강화 및 보편화라는 교육환경의 변화가 근본적으로 작용한 것이라 생각합니다.

앞서 살펴본 바와 같이 서로 다른 국가와 서로 다른 문화 속에서 교육의 가치가 어떻게 힘을 발휘하는지 사례를 통해서 확인할 수 있었습니다. 교육의 진정한 힘은 "변화"와 "지위적 이동"의 강력한 사다리 역할을 하는 것에 있다고 생각합니다. 가족, 국가를 비롯한 환경은 한 개인이 선택하기에는 매우 제약적인 영역입니다. 생각하고 존재하는 지금의 '나'는 부모를 선택한 적이 결코 없으며, 국가도 그 자체로 수용하며 살아가는 경우가 대부분입니다. 한 사람 인생에 있어서 가히 절대적이라고 할 수 있는 부분들에 대한 선택권 없이 그저 살아간다는 것입니다. 하지만 그러한 환경 속에서 '나'의 변화를 추구할 수 있고 계층 간 이동을 할 수 있는 가장 강력한 통로가 교육입니다. 교육은 한 사람 개개인의 변화를 뛰어넘어 국가의 지위와 운명까지 바꿀 수 있는 강력한 무기입니다.

다만, 한 개인의 입장에서 '교육'을 자유로운 선택의 영역에 두기 위해서는 상당한 사교육비가 발생할 수 있습니다. 우리나라의 경우, 헌법상 국민의 교육 받을 권리를 명시하고 있는 바, 실제 초등학생부터 중학생까지 의무교육이 이뤄지고 있습니다. 사실, 유치원에서 고등학교까지 국가가 국민의 교육을 책임지고 있다고 해도 과언이 아닙니다. 학령인구의 지속적이고 급격한 감소는 교육에 대한 국가의 책임을 점차 강화하는 방향으로 이끌고 있습니다. 국가장학금, 학자금대출, 국가근로장학금 등을 통해 고등교육(대학)까지 국가가 재정적 지원을 하고 있습니다. 대학생 인구의 감소로 발생하는 잔여 고등교육예산은 고등교육에서 국가의 책임을 더 강화하는 방향으로 사용될 것으로 예상합니다.

우리나라가 근대화되기 이전의 시기에는 보편적 교육에 대한 국가의 역할이 미약했습니다. 근대화 이전에는 일부 특권계층만을 대상으로 한 교육이 주를 이루었다고 볼 수 있습니다. 조선 말에서 한국

전쟁까지의 시기에는 우리나라를 찾은 서구 선교사들에 의해 보편적 교육이 태동하기 시작했습니다. 지난 100여 년 동안 우리나라 교육 환경 변화의 주요 맥을 짚어 봄으로써 교육의 역할과 중요성을 되새겨 보고자 합니다.

〈19세기 말~일제강점기 전〉

이 시기에는 선교사들이 주도하여 서양식 학교를 설립하고 서구의 과학, 의학, 외국어, 기독교 등을 가르쳤습니다. 대표적인 근대식 교육 기관으로는 1886년에 설립된 배재학당과 이화학당이 있습니다. 이 학교들은 당시 새로운 학문과 사상을 가르치며, 전통적 유교 교육과는 다른 교육의 장을 마련했습니다.

또한, 1895년에 갑오개혁의 일환으로 근대적 교육 제도가 도입됐습니다. 이 때 한성사범학교가 설립되어 교사를 양성했고, 이는 국가가 체계적으로 교육을 관리하는 중요한 기점이 됐습니다.

〈일제강점기〉

일제강점기에는 민족적 교육이 크게 억압되었으며, 일본은 한국인들에게 차별적인 교육 정책을 시행했습니다. 일본은 황국 신민화를 목표로 한국어 사용을 금지하고 일본어 교육을 강요했으며, 한국의 역사와 문화를 왜곡하거나 가르치지 않았습니다. 그러나 이 시기에도 민족주의적 성격을 띤 사립학교들이 설립되어 민족 교육을 이어 나갔습니다. 대표적인 예로는 오산학교와 보성학교가 있습니다. 이러한 학교들은 일제의 억압 속에서도 한국의 민족정신을 고취하며 독립운동의 배경이 되기도 했습니다.

1945년 해방 이후, 대한민국은 교육제도를 새롭게 정비했습니다. 1948년 대한민국 정부 수립과 함께 교육의 기틀이 잡히기 시작했고, 1953년에는 교육법이 제정되어 체계적인 교육 체제가 마련됐습니다. 이 법에 따라 의무교육, 교육의 기회 균등, 교사 양성 등이 법적으로 규정되었습니다. 해방 후 초등학교 의무교육이 도입되었고, 1980년대 이후 중학교까지 의무교육이 확대됐습니다.

이후 한국의 교육은 급속히 발전하여 20세기 말에는 고등교육의 대중화와 정보화 사회에 맞춘 교육시스템을 갖추게 됐습니다. 현재 한국의 교육은 높은 학문적 성취와 국제적 경쟁력을 자랑하는 수준에 도달했습니다.

이러한 교육의 역사를 통해 몇 가지 시사점을 도출할 수 있습니다. 국가의 경제적 · 정치적 안정과 함께 교육환경이 발전해 나간다는 점, 교육에 대한 국가의 책임이 확대되고 있다는 점입니다. 교육에 대한 국가의 책임이 확대되고 있다는 것은 정부의 교육정책 수립이 점차 중요해지고 있다는 것을 의미하기도 합니다. 학교 안에서의 교육이라는 협의적 교육 개념을 뛰어넘어 학교 밖에서 이뤄지는 교육과 지도까지 포괄하는 광의적 교육개념에 입각한 교육정책이 필요할 때입니다. 교육에 대한 국가의 책임이 강화되고 있다는 점은 매우 환영할 일이지만, 교육정책에 대한 정교성, 효과성, 미래성이 정부 당국에 집중된다는 점에서 정책적 실패가능성에 대한 리스크가 높고 그로 인한 파급효과가 상당할 수 있다는 우려는 지울 수 없습니다.

개인의 그릇뿐만 아니라 국가적 그릇을 결정하는 교육정책이 그 어떠한 정책요소보다 중요한 사안임을 명심해야 합니다.

이상적인 그릇에
대한 고찰

인간의 그릇과 관련하여 이상적인 그릇의 특징들을 살펴볼 필요가 있습니다. 그러한 특징들을 지향하는 삶을 통해서 더 이상적인 그릇을 형성할 수 있기 때문입니다. 이상적인 그릇의 특징으로 포용력과 공감력, 공헌감(헌신), 리더십, 대범함, 논리적 사고력, 냉철한 이성, 실체적 진실에 대한 집요함, 경제적 넉넉함을 꼽고 싶습니다. 이상적 그릇의 가장 핵심적이고 우선되는 특징은 포용력과 공감력이라 생각합니다. 한 인간의 그릇은 개인의 영역에 머무르는 것이 아닙니다. 개인의 영역에 국한될수록 그릇은 작을 수밖에 없습니다. 좁게는 가정, 넓게는 인류 전체까지 아우를 수 있는 포용력과 공감력이 이상적인 그릇의 핵심 포인트입니다. 다음으로 공헌감, 타인과 인류를 위한 헌신입니다. 이로움의 대상이 자신에게만 국한되지 않습니다. 자신을 넘어서는 이타적 마음에서 비롯된 선행입니다. 포용력, 공감력, 공헌감(헌신)은 개인 내면의 자질이기 때문에 잘 드러나지 않습니다. 이러한 내면의 건실함이 외부로 드러나는 것이 리더십입니다. 리더십에 대한 다양한 정의가 있습니다. 저는《손자병법》의 문구를 빌려 리더십을 정의하고 싶습니다.

'구성원들을 상하동욕(上下同欲) 하는 역량'입니다. 상하동욕은 상위계층과 하위계층 모두가 같은 욕구를 갖는다는 것입니다. 즉 구성원 전체가 같은 비전을 공유하고 함께 나아간다는 의미로 볼 수 있습니다. 리더십을 다양한 유형으로 나눌 수 있습니다. 대표적인 리더십 이론으로는 허쉬와 블랜챠드(Paul Hersey and Ken Blanchard)의 4대 리더십 유형이 있습니다. 위양적 리더십, 참가적 리더십, 지원적 리더십, 지시적 리더십입니다. 조직과 구성원들을 상하동욕한다는 목적 아래 위의 네 가지 유형을 모두 접목할 수 있습니다. 사람의 성향마다, 또 조직의 특성에 따라 리더십을 다르게 구사할 수 있겠지만 결국에는 모든 유형들을 융합적으로 사용하는 것이 가장 강력한 효과를 발휘할 것입니다.

다음으로 대범함을 들 수 있습니다. 제가 생각하는 대범함을 가장 적절하게 대변하는 철학적 개념은 "호연지기(浩然之氣)"입니다. 이 호연지기라는 말은 '세상에 꺼릴 것이 없는 크고 넓은 도덕적 용기'를 의미합니다. 맹자와 그의 제자인 공손추 간의 대화에서 나온 말로, 대화 내용을 살펴보면 그 의미가 더 잘 전달될 것 같습니다.

맹자의 제자(공손추): 호연지기가 무엇입니까?
맹자: 쉽게 말하면 평온하고 너그러운 화기(和氣)라고나 할까. 어쨌든 이것은 '하늘과 땅 사이에 넘치는 크고 강하고 곧은 것'이며, 더 키우면 광대무변한 천지를 꽉 채우는 원기(元氣)가 된다. 그러나 이 기(氣)는 도의와 합쳐져야지,

만약 도의가 없으면 쓰러지고 마는 거야. 이 기가 사람에게 깃들어 행위가 도의에 부합됨으로써 부끄러울 게 없으면 누구한테도 꿀리지 않는 도덕적 용기가 생기게 된다.

<출처>《맹자》공손추편

제가 생각하는 대범함(호연지기)은 무모함과 패기와는 전혀 다른 의미입니다. 대범함은 도덕적 성찰을 전제하고 있습니다. 4덕(인·의·예·지)을 갖춘 이의 도덕에 기반한 자신감입니다. 작은 문제에 매몰되어 의사결정을 적시에 하지 못하는 우유부단한 사람은 이상적인 그릇을 가진 사람이라고 볼 수 없습니다. 도덕과 철학적 내공을 갖추고 가장 합리적인 결단을 할 수 있는 용기, 자신의 결정과 판단에 책임을 질 수 있는 용기를 가진 사람을 이상적이라 할 수 있겠습니다.

그리고 논리적 사고력, 냉철한 이성, 실체적 진실에 대한 집요함을 들 수 있습니다. 이 영역에서 이상적인 그릇은 플라톤의 "철인(哲人)" 적 특성을 가진 사람입니다. 플라톤은 그의 저서《국가》를 통해 그의 정치철학을 정리했습니다. 그는 국가를 다스리는 행위는 철학자, 즉 철인에 의해서 이루어져야 한다고 주장합니다.

물론 '이상적인 정체'에서 통치는 지혜를 추구하는 철학자에게 맡겨진다. '욕구'를 따르는 사람들이 '돈'을 벌고, '기개'를 통해 '명예'를 취하려는 집단들이 공동체를 지키며, '진정한' 철학자가 다스려야 한다. 그러나 철학자들이 통치해야 하는 이유는 단지 그들만이 무엇이 그 자체로 좋은지를 알기 때문만은 아니다. 플라톤은 철인왕의 통치만이 구성원 각자가 영혼의 조화를 이룰 수 있는 환경을 제공할 것이라고 믿는다. 이들의 통치만이 공동체 구성원들이 법의 강제가 없이도 조화롭게 살아가는 성향을 갖게 만들고, 이들의 통치가 다른 성향을 가진 집단의 통치가 당면하는 문제점들을 해결해 줄 수 있을 것이라고 강조한다. 그러기에 그는 철학자들이 정치적 활동에 종사하도록 강제되어야 한다고까지 말하는 것이다.

[네이버 지식백과] 플라톤 [Platon] - 누가 다스려야 하는가?
(정치철학 다시보기, 2016. 7. 15., 곽준혁, 최장집, 위키미디어 커먼즈)

저는 플라톤의 생각에 일부분 동의하지만 전적으로 동의할 수는 없습니다. 플라톤이 말하는 철인정치는 이상의 영역입니다. 실제로 플라톤이 말하는 철인의 경지에 있는 인간은 존재할 수 없으며, 이러한 그의 논리는 독재정치의 논리로 악용될 우려가 매우 크기 때문입니다. 이에 오늘날 대부분의 선진국들은 불완전하지만 대의 민주주의제를 채택하고 있습니다. 그럼에도 불구하고, 한 국가의 지도자는 이상적인 그릇, 철인적 특징을 갖추는 것이 이상적입니다. 논리적 사고, 냉철한 이성, 실체적 진실에 대한 집요함을 철인의 특징으로 꼽습니다. 포용성과 도덕성, 리더십 등이 제대로 발휘되기 위해서는 철인적 요소, 즉 이성에 기반한 요소들이 전제되어야 합니다.

앞서 살펴본 이상적인 그릇의 자질을 갖추고 있더라도 경제적 넉넉함이 없다면 이상적 자질을 제대로 발휘하지 못할 가능성이 매우 큽니다. 좀 더 냉정하게 표현하자면, 경제적 넉넉함이 전제되지 않는다면 정서적·이성적 영역에서의 넉넉함과 고차원적인 사유를 발휘하는 것이 불가능합니다. 다만, 경제적 넉넉함은 상대적인 개념입니다. 개인에 따라 넉넉함과 여유로움의 기준은 다를 수 있습니다. 하지만 분명한 것은 생계를 위한 최소 조건을 상회해야만 이상적인 그릇을 추구할 수 있습니다. 먹고 살아야 하는 생존의 한계영역에서는 결코 이상적인 그릇을 꿈꿀 수 없기 때문입니다.

5.

이상적 그릇을
만드는 방법

5대양을 품는 포용력을 기르다

포용과 공감은 내가 아닌 타인의 입장에서 생각할 수 있는 힘에서 시작합니다. 어린 시절부터 치열한 경쟁 속에서 사는 요즘 세대들에게 타인의 입장에서 먼저 생각하길 바라는 것은 욕심일지도 모릅니다. 경쟁에서 도태되면 안 되고 일등(일류)을 지향해야 한다고 가르치면서도, 도태되는 주변 사람들을 배려와 도움의 손길을 주는 것에 대한 가르침은 많지 않습니다. 이상적인 그릇의 특징들 대부분이 성인이 되기 이전에 상당 부분이 형성됩니다. 그중 가장 중요하게 여기는 포용력과 공감력은 유년시기와 청소년기에 99% 형성된다고 해도 과언이 아닙니다. 우리나라 정치인들 중에는 학창시절 열심히 학업에만 매진하여 일류대학을 졸업하고 전문직에 종사하다가 정치에 입문하는 사람들이 많습니다. 정치는 국민들을 위한 대의적 의사결정을 하는 행위로 포용력과 공감력이 절대적으로 필요합니다. 선거철마다 유권자들의 표를 받기 위하여 유권자들을 위한 온갖 공약을 쏟아냅니다. 하지만 공약 이행률은 어떠할까요? 처참한 성적표를 내놓는 정치인이 대부분입니다. 이는 공약을 이행하기에 대내·외 여건이 맞지 않아 불가피한 경우도 존재하겠지만 근본적으로는 유권자들에 대한 진심, 국민이 처한 상황에 대한 깊이 있는 고민과 진정성이 결여되었기 때문입니다.

포용력과 공감력 측면에서 양극단의 모습을 보여 준 미국 대통령들이 있습니다. 오바마와 트럼프입니다. 오바마는 세계에서 미국이 추구해야 할 가치, 미국의 공헌과 역할을 강조해 왔습니다. 또한 사회적 약자들의 삶의 질을 올리기 위한 각종 정책들을 쏟아냈습니다. 반면 트럼프는 정반대였습니다. 미국 우선주의를 표방하면서 세계에서 미국의 역할보다는 자국의 경제, 특히 백인 중심의 이윤 추구의 선봉에 섰습니다. 둘 중 누가 더 훌륭하고 현명한 대통령이었는지는 후대들과 역사가 평가할 문제입니다. 관점에 따라서 다양한 평가가 이뤄질 것 같습니다. 다만 분명한 것은 어떤 대통령이 더 포용적 정책을 펼쳤는지는 알 수 있습니다. 정치는 '제한된 자원을 권위에 의해 배분하는 것'입니다. 따라서 각 단위의 정치 지도자들은 자신이 속한 그룹에 더 많은 자원이 배분되도록 힘쓰는 것은 당연합니다. 그래야 유권자들의 표를 통해 재신임 받을 수 있기 때문입니다. 하지만 이렇게 생각해봅시다. 각 단위의 정치 지도자들이 유권자들의 이익만을 추구할 경우 어떤 문제가 발생할까요? 이익이 상충되는 다른 그룹과 충돌할 것이고, 더 큰 차원에서의 이익 즉 대승적 이익을 위한 결단은 불가능에 가까울 수 있습니다. 여론이 분열되고 갈등이 지속되며 지역이기주의나 국가주의로 흘러갈 수 있습니다. 따라서 각 단위의 지도자들은 본인이 소속된 그룹의 이익을 넘어서 더 큰 단위의 이익까지 살필 수 있어야 한다고 생각합니다. 예를 들면, 기초자치단체장은 광역자치단체 단위의 이익까지 생각할 수 있어야 하며, 광역자치단체장은 국가 단위의 이익까지 살필 수 있어야 하고, 대통령은 세계 인류의 이익까지 고려할 수 있어야 한다는 것입니다. 물론 이러한 고려와 대승적 판단이 소속 그룹의 유권자들로부터 질타를 받을 수도 있습니다. 하지만 그 문제는 소통과 홍보를 통해서 해결해 나가야 할 과제입니다.

사람을 두고 '그릇이 크다.'라고 하는 것은 대단한 칭찬이고 영광입니다. 여기서 말하는 그릇이 크다는 것은 세상을 품을 만큼 마음이 넉넉하고 포용력이 뛰어나다는 의미일 것입니다. 즉, 이상적 그릇의 핵심은 포용력이라 할 수 있습니다. 제가 아는 범위 안에서 가장 큰 포용력을 발휘한 위인은 이산 정조라 생각합니다. 정조는 절대 포용력을 발휘할 수 없는 이들까지도 품고 함께 공존하는 길을 선택했던 왕입니다. 자신의 아버지인 사도세자를 뒤주에 갇혀 죽음에 이르게 한 이들까지도 품었습니다. 당시 왕이 가진 절대권력을 생각했을 때 그들을 모조리 숙청을 했어도 전혀 이상하지 않던 시기입니다. 그럼에도 불구하고 정조는 자신의 아버지를 죽인 원한들까지도 품는 것을 작정했고 그들과의 공생을 선택했습니다.

정조는 왕에 즉위한 후, 아버지인 사도세자를 죽음에 이르게 한 사건과 관련된 인물들에 대해 매우 신중하고 포용적인 태도를 취했습니다. 그는 즉위 후 정치적 복수를 하지 않고, 국가의 안정을 우선시하며 조선 사회를 통합하려는 노력을 기울였습니다. 국가 최고지도자로서 정치세력의 균형과 역사바로잡기를 병행했습니다.

정조는 왕이 된 후 첫 번째로 아버지 사도세자의 명예를 회복시키는 일을 추진했습니다. 역사 바로잡기인 셈입니다. 사도세자는 당시 영조의 명령으로 뒤주에 갇혀 사망했지만, 공식적으로는 역적(죄인)으로 기록되어 있었습니다. 정조는 즉위 후, 사도세자의 죽음을 애

> **정조**
> **(1752~1800)**
>
> ◇ 조선의 22대 국왕이자 현군
> ◇ 사도세자의 아들
> ◇ 주요 업적: 초계문신제, 수원 화성, 탕평책, 규장각, 서얼 및 중인 차별 완화
> ◇ 명언: "사람을 기르는 것이 나라를 기르는 근본이다.", "백성을 하늘같이 섬겨야 한다."

통해하며 그의 명예를 회복시키기 위해 노력했습니다. 이를 위해 사도세자를 장종(莊宗)으로 추존하고, 묘호를 '장헌세자'로 바꾸었습니다. 이는 사도세자의 억울한 죽음을 국가적 차원에서 바로잡고, 왕실의 명예를 회복시키려는 정조의 중요한 조치였습니다.

역사를 바로잡는 과정에서 정조는 칼을 휘두르지 않았습니다. 정조는 아버지의 죽음에 직접적으로 관여한 인물들에 대해 복수를 하지 않았습니다. 특히, 정조는 사도세자의 죽음에 큰 영향을 미쳤던 할아버지 영조와 그 주변 인물들에 대해 관용을 베풀었습니다. 영조는 왕권을 안정시키기 위해 사도세자를 죽음으로 몰고 갔지만, 정조는 할아버지에 대한 존경심과 정치적 안정을 이유로 영조의 결정에 대해 복수하거나 비난하지 않았습니다.

또한 사도세자의 죽음과 관련된 대신들과 신하들에 대해서도 정조

는 처벌을 내리지 않았습니다. 사도세자 죽음에 연루된 세력들이 상당수였지만, 정조는 그들을 정치적으로 숙청하지 않고, 오히려 그들을 포용하며 조선 사회의 통합을 도모했습니다. 이는 자신의 개인적 감정보다 국가적 안정을 우선시한 정조의 포용적인 리더십을 보여주는 중요한 사례입니다. 정조의 그릇을 알 수 있는 가장 대표적인 대목이며, 정조를 추앙할 수밖에 없는 대목입니다.

당시 조선의 주요 정치 세력인 노론은 사도세자 사건에서 중요한 역할을 했습니다. 노론은 사도세자의 문제를 지적하며 그를 폐위하는 데 영향을 미친 당파였으나, 정조는 노론 세력을 대대적으로 숙청하지 않고 오히려 그들과 협력하려는 태도를 견지했습니다. 그는 영조 시절부터 강력한 정치세력으로 자리 잡은 노론과의 갈등을 피하고, 탕평책(蕩平策)을 강화하여 당파를 초월한 국정운영을 시도했습니다. 이를 통해 정치적 안정을 꾀하고, 실질적인 개혁을 추진할 수 있는 기반을 마련했습니다.

정조는 숙청대상 1순위였을 원한들을 처벌하지 않고 그들을 품었습니다. 대표적으로 사도세자의 죽음에 영향을 미친 홍인한을 처벌하지 않았습니다. 홍인한은 노론의 핵심 인물로, 사도세자를 죽음으로 몰고 가는 데 중요한 역할을 한 인물이었지만, 정조는 그에게 직접적인 보복을 가하지 않고 권력에서 자연스럽게 물러나도록 했습니다. 또 다른 사례로는 김귀주가 있습니다. 김귀주 역시 사도세자의 죽음과 연관된 인물이었지만, 정조는 그를 관직에서 완전히 배제하기보다 최소한의 처벌로 끝내고, 이후 정치적 보복을 하지 않았습니다. 이는 정조가 감정적인 복수를 피하고, 대의적인 차원에서 국가적 통합을 중요하게 여겼음을 보여 줍니다.

이렇듯 정조는 정치적 안정을 위한 포용적 리더십을 보여 주었습니다. 사도세자의 죽음과 관련된 인물들에 대해 처벌보다는 용서와 관용을 택함으로써, 조선 사회의 안정을 꾀하고자 했습니다. 사도세자의 죽음은 조선 사회에서 정치적 갈등을 심화시킬 수 있는 민감한 문제였지만, 정조는 이를 지혜롭게 해결하며 군주로서의 품위를 유지했습니다. 그는 자신의 개인적 감정이나 복수심에 치우치지 않고, 국가의 장기적인 안정을 위해 여러 당파와 인물들을 포용했습니다.

이처럼 정조는 아버지의 억울한 죽음에 대해 깊은 슬픔을 느끼면서도, 감정적 보복보다는 정치적 통합과 국정 안정을 우선시한 군주였습니다. 이러한 포용적 리더십은 정조의 통치 기간 동안 정치적 갈등을 줄이고 개혁을 성공적으로 추진하는 데 중요한 역할을 했습니다.

겸손을 실천하다

겸손의 가치, 겸손의 필요성에 대한 다양한 격언들이 있습니다. 그 중 대표적인 것을 몇 가지를 소개합니다.

> "벼는 익을수록 고개를 숙인다." - 한국 속담
> "겸손은 자기를 낮추되 비굴하지 않는 것이다." - 공자
> "겸손은 모든 미덕의 근본이다." - 소크라테스
> "높은 곳에 오르려는 자는 낮은 곳에서 시작해야 한다." - 마태복음 23:12
> "겸손이 없으면 덕도 없다." - 마호메트
> "겸손한 마음은 강한 사람만이 가질 수 있다." - 톨스토이

이렇듯 세계적 성인과 철학자들도 겸손의 가치를 매력적인 문장으로 남겨 두었습니다. 천 원짜리 지폐에 등장하는 퇴계 이황 선생님의 이야기는 우리에게 '겸손'에 대한 영감을 주기에 충분합니다. 퇴계 이황은 조선시대에 가장 영향력 있는 성리학자로 손꼽히는 분입

**퇴계 이황
(1501~1570)**

◇ 조선 중기의 대학자
◇ 조선시대 동인들의 정신적 지주
◇ 주요업적: 《성학십도》, 《주자서절요》, 이기 이원론, 도산서원
◇ 명언: "배움은 끝이 없고, 실천 또한 끝이 없다.", "도(道)는 멀리 있지 않고, 늘 우리 마음속에 있다."

니다. 그의 학문과 덕행은 널리 알려져 있습니다. 어느 날, 한 제자가 퇴계 선생의 높은 학문적 성취를 칭찬하며 이렇게 말했습니다. "선생님, 이 나라에서 선생님보다 뛰어난 학자가 또 어디 있겠습니까?"

그러자 퇴계 선생은 조용히 미소 지으며 답했다고 합니다. "내가 생각하기에 이 나라에는 나보다 더 뛰어난 학자가 많이 있을 것이네. 나는 단지 공부하는 길을 조금 먼저 걸었을 뿐이지."

본인의 학문적 깊이와 성취에도 불구하고 겸손함을 견지하셨습니다. 그리고 평생을 공부하고 자신의 사상을 발전시키는 데 힘쓰셨다고 합니다.

또 다른 일화로 세계적 물리학자인 아인슈타인의 일화가 있습니다. 아인슈타인은 상대성 이론, 원자력의 이론적 기초 제공 등 20세기를 대표하는 가장 영향력 있는 과학자입니다. 그런 그는 이러한 명언을 남겼습니다. "나는 똑똑한 것이 아니라 단지 더 오래 고민할 뿐이다." 이러한 명언의 저변에는 그의 겸손함이 있습니다. 그 당시 아인슈타인은 세계적 과학자로 이름이 널리 알려진 상태였는데도 끊임없이 공부하고 연구했는데, 이것을 의아하게 여겼던 한 사람이 그에게 질문을 했다고 합니다. 그 정도 반열에 오른 지식인이라면 이제 공부를 하지 않아도 되지 않냐고. 이에 대한 아인슈타인의 답변이 매우 인상적이었습니다. 아인슈타인은 흰 종이를 꺼내 들고는 작은 원 하나와 큰 원 하나를 그리면서 말했습니다. "작은 원은 과학 분야에서 오랜 시간 연구를 하지 않은 일반인이고 큰 원은 과학 분야에서 나름 오랜 시간 연구를 해 온 나라고 가정해 보겠소. 과학 분야에서 제 원의 크기가 더 클 수 있지만 원의 바깥 부분, 원의 가장자리(원의 둘레)는 미지의 세계라고 볼 수 있소. 나에게는 이 미지의 영역, 앞으로도 탐구해야 할 영역이 이렇게 많아서 끊임없이 공부할 수밖에 없소." 아인슈타인은 자신만의 비유법으로 그의 겸손함을 증명한 대표적인 이야기입니다.

간혹 겸손함에 대해 '겸손은 자신감이 없는 것처럼 보인다.', '내숭을 떤다.', '겸손한 척 한다.'로 평가 절하하는 사람들을 마주하기도 합니다. 특히나 SNS로 자신의 실상, 성취, 근황 등을 자유롭게 공개하고 주변 사람들에게 자랑하고 보여 주는 것이 일상화 된 세대들은 '겸손'의 가치가 더 낯설 것 같습니다. 매슬로우도 욕구단계론을 통해서 인간은 "존경의 욕구"를 갖게 된다고 했었지요. 자랑하고 싶고, 타인으로부터 존경을 받고 싶다는 것은 인간의 자연스러운 심리일 것입니다. 하지만 가장 고차원적인 인간의 욕구는 "자아실현의 욕구"입니다. 타인이 알아주지 않더라도, 나의 자아를 발견하고 그 자아를 향해 살아가고 나아가는 것이 가장 궁극적인 행복이 될 수 있다는 것입니다. 아마도 겸손을 연기하지 않는, 삶을 통해 겸손을 증명하는 사람들은 자아실현 욕구 단계에 있는 사람들이 아닐까 합니다. 즉 누구나 쉽게 도달할 수 없는 정신적·심리적 경지에 도달한 사람들만이 '겸손'이라는 고매한 향기를 풍길 수 있는 게 아닐까요?

냉철한 이성, 장기적 판단력을 갖추다

　치우쳐진 감정은 장기적·전략적 판단에 있어서 방해 요소가 될 수 있습니다. 그렇다고 해서 감정과 정서를 무시해도 된다는 것은 아닙니다. 다수가 감정에 치우쳐 있을 때, 냉철한 이성으로, 장기적으로 더 올바른 선택을 하도록 '설득의 과정'이 필요할 수도 있습니다. 이러한 '설득의 과정'이 빠진 냉철한 이성은 독선에 가깝습니다.

　냉철한 이성은 문제상황에서 감정에 휘말리지 않고, 문제의 본질을 객관적으로 파악해 최선의 해결책을 찾는 데 도움을 줍니다. 급박한 상황일수록 감정적인 반응보다는 이성적인 분석이 필요한 경우가 많습니다. 예를 들어, 위기 상황에서 침착하고 논리적인 결정을 내려야 더 큰 피해를 막을 수 있습니다.

　감정은 순간적인 선택에 영향을 미칠 수 있고, 때로는 충동적이거나 잘못된 결정을 내리게 할 수 있습니다. 냉철한 이성은 감정을 제어하고, 감정적인 반응에 따른 실수를 피하는 데 유용합니다. 예를 들어, 화가 났을 때 내리는 결정이 종종 후회를 남길 수 있는데, 이때 이성이 그 결정을 차분히 숙고하게 합니다.

　인생은 복잡하고 예측할 수 없는 문제들로 가득 차 있습니다. 사업, 재정, 인간관계 등 다양한 분야에서 이성적 사고는 복잡한 문제를 단계적으로 분석하고, 최적의 선택을 할 수 있게 합니다. 합리적인 선택이 모여 개인의 성공과 성장을 이루게 되는 경우가 많습니다.

사람은 도덕적, 윤리적 딜레마에 자주 직면하는데, 이런 상황에서 냉철한 이성은 올바른 결정을 내리도록 도와주기도 합니다. 감정만으로는 도덕적 문제의 복잡성을 해결하기 어려울 때, 이성적인 사고는 객관적 기준에 따라 공정한 결정을 내리는 데 기여합니다.

냉철한 이성은 인생의 다양한 도전과 문제를 해결하는 데 필수적인 요소입니다. 감정은 인간 생활에서 중요한 역할을 하지만, 이를 조절하고 이성적 사고를 바탕으로 문제를 분석하고 해결해 나가는 능력이 있을 때 더 나은 결정을 내리고 삶의 질을 높일 수 있습니다. 이성적인 사고는 개인의 성공, 관계의 균형, 그리고 도덕적 선택을 가능하게 합니다.

냉철한 이성을 발휘한 대표적인 사람을 뽑는다면, 윈스턴 처칠을 뽑고 싶습니다. 윈스턴 처칠(Winston Churchill)은 20세기 가장 영향력 있는 정치 지도자 중 한 명으로, 영국의 총리를 두 차례(1940-1945, 1951-1955) 역임했습니다. 그는 특히 제2차 세계대전 동안 영국을 이

윈스턴 처칠
(1874~1965)

◇ 영국의 총리를 두 차례 역임한 정치가
◇ 제2차 세계대전에서 연합군을 승리로 이끈 전쟁영웅
◇ 주요업적: 제2차 세계대전 연합국 승리, 노벨 문학상 수상
◇ 명언: "피, 수고, 눈물, 땀밖에 드릴 것이 없다.", "비관주의자는 모든 기회에서 어려움을 보고, 낙관주의자는 모든 어려움에서 기회를 본다.", "위대한 일은 한번에 이루어지지 않는다. 작은 일들이 모여 위대한 성취를 만든다."

끌며 독일 나치에 맞서 싸운 강력한 리더십으로 유명합니다. 처칠은 탁월한 연설가로서, 국민의 사기를 고취시키는 명연설을 통해 전쟁 중 영국을 단결시키기도 한 인물입니다. 처칠은 군사 전략가이자 외교가로서, 전쟁 승리에 중요한 역할을 했으며, 전후 냉전 시기의 국제 정치에도 큰 영향을 미쳤습니다. 윈스턴 처칠은 그만의 냉철한 이성으로 위기에 빠진 영국을 구해냈습니다. 윈스턴 처칠이 냉철한 이성으로 영국의 운명을 바른길로 이끈 가장 대표적인 사례는 제2차 세계대전 중 발휘한 그의 리더십입니다. 특히 1940년부터 1941년까지 영국이 독일의 위협에 직면했을 때, 처칠은 감정에 치우치지 않고 냉철한 판단을 통해 영국을 위기에서 건져냈습니다. 그의 대표적인 사건들에 대해 살펴보겠습니다.

첫째, 던커크 철수 작전(오퍼레이션 다이너모, 1940년)에서 그의 냉철함을 엿볼 수 있었습니다. 1940년, 프랑스가 독일군에게 패배하고 있을 때 영국군과 프랑스 연합군은 프랑스 북부의 던커크 해안에 고립되었습니다. 이때 독일군은 프랑스와 영국 연합군을 전멸시킬 가능성이 높았고, 영국군은 대규모 병력을 잃을 위기에 처해 있었습니다. 처칠은 이 위기에서 감정적으로 반응하지 않고 냉철하게 영국군의 철수를 결정했습니다. 당시 던커크에서 병력을 철수하는 것은 매우 어려운 상황이었고, 많은 이들이 영국군이 큰 손실을 입게 될 것이라고 예상했습니다. 그러나 처칠은 과감하게 '오퍼레이션 다이너모'라는 작전을 지시해 민간 선박을 포함한 다양한 선박을 동원해 병력 철수를 감행했습니다. 그 결과, 30만 명 이상의 병력이 무사히 영국으로 돌아올 수 있었고, 이는 영국이 나중에 전쟁을 이어 갈 수 있는 중요한 전환점이 되었습니다. 많은 사람들이 이 사건을 영국의 실패나 패배로 볼 수도 있었지만, 처칠은 오히려 이를 영국의 잠재적 승리로 해석했습니다. 그는 던커크 철수 이후 영국 국민에게 강력한 연설을 통해 "우리는 싸울 것이며, 결코 항복하지 않을 것"이라고 말하며 국민의 사기를 높였습니다. 처칠은 냉철한 이성으로 이 사건을 전쟁에서의 중요한 전환점으로 만들었고, 영국의 사기를 고취시켜 나치 독일에 맞서 싸울 힘을 얻었습니다.

둘째, 런던 대공습(1940년~1941년)에 대응한 그의 지략은 대단했습니다. 1940년 9월부터 1941년 5월까지 독일 공군(루프트바페)은 영국 본토, 특히 런던을 집중적으로 폭격하는 런던 대공습(블리츠)을 감행했습니다. 독일은 이 폭격을 통해 영국의 사기를 꺾고 전쟁을 조기에 끝내려 했습니다. 수많은 민간인이 희생되고, 도시가 파괴되는 상황에서 영국 지도부는 큰 압박을 받았습니다. 처칠은 독일의 폭격에 감정적으로 대응하지 않고, 전략적으로 상황을 분석했습니다. 그는 영국군의 방어 능력을 강화하는 동시에, 시민들이 패닉에 빠지지 않도록 냉철한 메시지를 전달했습니다. 특히 처칠은 대중 연설을 통해 국민의 저항 의지를 고취시키고, 독일의 공격에 굴복하지 않겠다는 의지를 반복적으로 강조했습니다. 처칠의 명언 중 하나인 "우리는 해변에서 싸울 것이며, 결코 항복하지 않을 것이다."는 이러한 그의 결의를 잘 보여 줍니다. 처칠은 또한 독일의 폭격으로 인해 군사적 전략을 바꾸지 않았습니다. 그는 영국군이 오히려 독일 공군과 해군을 약화시키는 기회로 삼았으며, 이성적으로 영국 공군(RAF)의 전력을 강화했습니다. 그 결과 영국 본토 항공전(Battle of Britain)에서 영국은 독일 공군을 격퇴하는 데 성공했습니다. 처칠의 냉철한 이성 덕분에 영국은 전쟁에서 전투력을 유지할 수 있었고, 독일의 침공 계획을 좌절시킬 수 있었습니다.

전쟁 기간 동안 영국은 전 세계에서 큰 도전에 직면해 있었습니다. 국민들은 전쟁의 공포와 피로감에 시달렸고, 전쟁의 결과를 예측하기 어려운 상황에서 사기가 저하되기 쉬운 상황이었습니다. 처칠은 국민의 사기를 유지하는 것이 전쟁에서 승리하는 데 매우 중요하다는 것을 냉철하게 인식하고 있었던 것 같습니다. 그는 여러 차례 대중 연설을 통해 자신감과 결의를 불어넣었고, 국민들이 좌절하거나 패배감을 느끼지 않도록 지속적으로 동기부여를 했습니다. 처칠은 전쟁의 어려움을 감추지 않고 솔직하게 말하면서도, 끝까지 싸울 것이라는 확신을 심어 주었습니다. 이를 통해 처칠은 국민을 하나로 묶고, 영국이 전쟁에서 승리할 수 있는 기반을 마련했습니다.

전쟁이라는 상황은 전 국민의 생명이 직접적으로 위협받는 상황입니다. 이성이 작동하기 어려운 상황이라는 것은 틀림없습니다. 더군다나 끝까지 싸우지도 않고 철수를 한다는 것, 적의 공격에 즉각적이고 전폭적인 대응을 하지 않는 인내는 냉철한 이성 없이는 선택할 수 없는 선택지입니다. 다수의 국민이 손가락질 할 수 있으며, 겁쟁이라 치부할 수 있고, 국제적 위상 또한 격하할 수 있는 상황이었습니다. 그러한 상황에서도 장기적인 안목으로 이성적 판단을 할 수 있다는 것은 윈스턴 처칠이기에 가능한 일이었다고 봅니다. 이렇듯 다수를 품어야 하는 지도자라면 다수의 감정까지도 품을 수 있는 그릇과 더불어 그들을 설득할 수 있는 장기적 전략과 냉철한 이성이 반드시 필요합니다.

자신을 뜨겁게 사랑하고 관계의 무게중심을 '나' 자신에게 두다

  살다 보면 참 다양한 사람들을 만나게 됩니다. 자기애의 관점에서 봤을 때, 어떤 사람은 지나치게 자기애가 강하고 더 나아가 이기적으로 보이기까지 합니다. 또 어떤 이는 타인의 시선, 타인의 관점을 너무 중시하고 신경 쓰다 보니 소심해 보이기까지 합니다. 양극단에 있는 사람들은 모두 적절하다 할 수 없습니다. 하지만 개인 행복의 관점에서 본다면 자기애가 강한 사람이 더 행복하고 삶의 만족도가 높을 것 같습니다. 따라서 자신의 행복을 위해서 눈치 보는 것을 줄이는 방향으로 접근해 보려 합니다.

  정신분석학의 창시자인 프로이트의 관점에서는 눈치 보는 사람은 무의식적 갈등과 방어기제의 작용으로 설명할 수 있습니다. 눈치를 보는 행위는 다른 사람의 반응이나 기대에 과도하게 반응하는 것을 말하며, 이는 종종 불안과 관련이 있습니다. 프로이트는 이러한 행동을 개

지그문트 프로이트 (1856~1939)
◇ 정신과의사, 의학자, 생리학자, 심리학자, 철학자이며 정신분석학의 창시자
◇ 무의식 개념, 성격구조이론, 정신성적 발달 이론, 방어기제 이론 주장
◇ 명언: "꿈은 무의식으로 가는 왕도이다.", "어린 시절은 어른의 운명을 결정한다.", "문명은 인간의 본능적 충동을 억제한 결과이다."

인의 무의식적 욕구와 갈등이 반영된 결과로 해석할 수 있다고 보았습니다.

프로이트의 이론에서, 눈치를 보는 사람은 종종 강한 초자아(Super-ego)를 가지고 있을 가능성이 있습니다. 초자아는 부모나 사회의 규범과 가치관을 내면화하여 도덕적 기준을 세우고, 이를 어길 경우 죄책감이나 불안을 느끼게 만듭니다. 눈치를 보는 사람은 이 강한 초자아의 영향으로 다른 사람들의 기대와 사회적 규범을 충족시키려는 강한 욕구를 가지게 되며, 이는 자신이 어떤 행동을 해야 할지 끊임없이 고민하게 하고 불안을 느끼게 합니다.

눈치를 보는 행동은 불안을 관리하기 위한 여러 방어기제 중 하나일 수 있습니다. 예를 들어, 눈치를 보면서 자기 행동을 조정하는 것은 순응(Conformity) 혹은 동조(Compliance)의 한 형태일 수 있습니다. 이는 타인의 기대에 맞추어 행동함으로써 비판이나 거절의 두려움에서 자신을 보호하려는 시도입니다. 또한, 이런 사람들은 투사(Projection)와 같은 방어기제를 사용하여 자신의 불안이나 비판적인 감정을 다른 사람의 행동으로 해석하고 과도하게 반응할 수도 있습니다.

프로이트는 자아(Ego)가 이드(Id)의 충동을 현실 세계에 맞춰 조정하는 역할을 한다고 했습니다. 눈치를 보는 것은 자아가 타인의 기대와 자신의 욕구 사이에서 갈등을 겪는 상황일 수 있습니다. 즉, 이드의 욕구(자신만의 자유로운 행동이나 표현 욕구)와 초자아의 도덕적 기준 사이에서 갈등을 겪고 있으며, 자아가 사회적 수용성을 유지하려고 타인의 반응에 지나치게 민감하게 반응하게 되는 것입니다.

한편 프로이트의 성격 발달 이론에 따르면, 눈치를 보는 행동은 어린 시절의 특정한 경험에서 비롯될 수 있습니다. 어린 시절 부모나 권위자로부터 사랑이나 인정을 받기 위해 눈치를 보아야 했던 경험이 있다면, 그 사람은 성인이 되어서도 타인의 반응에 과도하게 민감하게 반응할 수 있습니다. 이 과정에서 조건부 사랑이나 인정받기 위한 행동을 무의식적으로 내면화하게 됩니다.

프로이트의 접근법에서 눈치를 보는 사람들을 요약하자면 다음과 같습니다.

1. **초자아가 강하게 작용하여 타인의 기대, 사회적 규범을 충족하는 것에 대한 욕구가 강함**
2. **방어기제에서 기인한 눈치 보기**
3. **"현실의 나"와 "이상적인 나"의 갈등**
4. **어린 시절의 특별한 경험에 기인**(부모나 권위자로부터 사랑이나 인정을 받기 위해 눈치를 보는 경험 등)

프로이트의 관점에서의 "눈치 보는 사람"을 이해하는 것은 심리학적·학문적 이해가 필요하므로 직관적으로 이해하기 쉽지 않습니다. 또 다른 예로《나는 왜 눈치를 보는가》라는 책으로 유명한 일본의 가토 다이조의 관점에서 살펴보겠습니다. 가토 다이조는 이 책을 통해 사람이 눈치를 보는 이유를 "유아적 의존욕구"에서 비롯된다고 진단합니다. 쉽게 말해, 사람은 유아시기에 한 사람의 성격이 대부분 형성되는데, 유아는 부모를 비롯한 외부환경으로부터 사랑받고, 보호받고, 지지받는 등 본능적으로 원하는 욕구들이 충족되기를 원한다는 것입니다. 하지만 그러한 기본적인 욕구들이 충족되지 않으면 "결핍"이 생기고 이 결핍이 결국 "눈치 보기"로 이어진다는 것입니다. 가토 다이조의 이러한 관점은 프로이트 관점의 네 번째 사유{어린 시절의 특별한 경험에 기인(부모나 권위자로부터 사랑이나 인정을 받기 위해 눈치를 보는 경험 등)}와 연결됩니다. 세 번째 사유인 "현실의 나"와 "이상적인 나"의 갈등과도 연결됩니다.

프로이트와 가토 다이조의 인식을 종합해 보면 다음과 같은 결론에 도달합니다. 유아 시절의 심리상태, 욕구충족상태 등의 환경과 경험이 성격형성에 지대한 영향을 미치고 이는 무의식에 자리 잡게 됩니다. 이러한 무의식은 한 사람의 인생 전반에 직·간접적으로 심리적 영향을 미칩니다. 유아시기의 의존욕구에서 결핍이 생기면, 부정적인 무의식이 축적되고 이는 성인이 되어서도 "이드(현실의 나)"와 "초자아(이상적인 나)"가 충돌하여 불안과 갈등을 겪게 되고 타인의 눈치를 보게 된다는 것입니다.

그렇다면 눈치를 보지 않기 위해서는 어떻게 해야 할까요? 유아를 키우는 부모라면, 또 새로운 생명을 준비하는 단계라면 아이를 위해서만큼은 '예방'이 답일 것입니다. 아이의 유아적 의존욕구를 잘 살피고 충족될 수 있도록 잘 양육하는 것입니다. 아이를 양육하다 보면 문제행동을 하는 경우가 분명 발생합니다. 그 행동을 바로잡기 위한 시도로써 '자애로움, 기다림, 수용'의 방법을 선택하는 경우도 있고, '엄격함, 훈육, 억압' 등의 단호한 방식을 선택하기도 할 것입니다. 하지만 분명한 것은 어떠한 방식을 선택하든 부모가 자신의 '화'의 감정에서 기반한 지도는 반드시 피해야 한다는 점입니다. 부모의 화는 눈에는 보이지 않으나 아이의 마음에는 고스란히 전달되는 감정입니다. 화를 억누르고 아이의 바른 성장을 바라는 진정성이 견고하게 자리 잡은 '지도'여야만 합니다.

하지만 안타깝게도 이 책을 보는 대부분은 자녀의 지도 관점보다는 성인인 '나 자신은 앞으로 어떻게 해야 하는가?'에 더 관심을 가질 것 같습니다. 대부분의 우리는 벌써 유아시기를 지내왔고, 과거로 돌아가서 과거를 바로 잡을 수도 없는 노릇입니다. 지금부터, 앞으로는 어떻게 해야 할까요? 첫 번째 단추가 잘못 꿰어졌음을 인정하는 것부터 시작해야 합니다. 즉, '나는 유아적 의존욕구가 충분히 충족되지 못했고, 여전히 그 욕구가 잠재하고 있음.'을 인정하는 것입니다. 나이가 들수록 인정하는 것을 어려워합니다. 왜냐하면 꽤 많은 용기가 필요하기 때문입니다. 중장년층이 되면, 앞으로 어떻게 살아갈 것인가에 대한 희망과 기대보다는 내가 과거에 어떻게 살아왔다는 자궁심에 초점을 맞추는 경우가 많습니다. 지난 삶에 흠집을 낸다든가, 과거의 흠을 들춰내고 다시 진지하게 살펴보는 것을 즐겨하지 않습니다. 이렇듯 중장년층의 성인이 자신의 과오처럼 느껴지는 것, 결핍을 인정하는 것은 쉽지 않은 일입니다. 그러한 문제가 곪아 터져 심리·정서 전문가의 상담을 받기에 이르렀을 때야 비로소 그 결핍을 인정하고 통한의 눈물을 흘리는 경우가 많습니다. 나 개인의 심리적 문제는 나에게만 국한되는 것이 아니라 가족과 같은 주변의 가까운 사람들에게까지도 악영향을 줄 수 있는 매우 중요한 요소라는 점을 명심해야 합니다. 나의 의존적 심리, 욕구의 결핍이 있음을 인정하는 것이 변화의 시작점입니다.

첫 단추를 잘못 꿴 것을 빨리 인정하고 나면 행복의 선순환 궤도에 올라오게 됩니다. 그 궤도 안에서 순환을 할지, 아니면 강한 원심력이 작용해서 궤도를 이탈할지는 삶을 대하는 태도와 자신에 대한 존중과 사랑이 결정하게 됩니다. 인생이라는 여정, 행복이라는 선순환 궤도에서 무게중심은 내 안에 있어야만 합니다. 종교가 있는 사람이든 없는 사람이든 이러한 원칙은 동일하게 적용됩니다. 종교가 있는 사람과 없는 사람 각각 나눠서 천체에 비유해 보려 합니다. 다만 공통된 전제가 있습니다. '한 개인이 항성일 수는 없다.'입니다. 인간은 타인의 운명에 절대적이지도 않고, 정서적·물리적으로 항구적 관계를 맺지도 않으며, 생태를 위해 헌신적으로 한곳에만 머물지는 않기 때문입니다. 먼저 종교가 있는 사람은 다음과 같이 비유할 수 있을 것입니다. 종교에서의 절대적 신은 항성이 될 것이고, 그 종교를 믿는 사람은 행성이 될 것입니다. 실제로 우리가 살고 있는 지구라는 행성은 태양이라는 항성의 주위를 돌고 있습니다. 매일 자전도 이뤄지고 연간 공전도 이루어집니다. 정확히 말해 지구가 태양의 주위를 공전하는 이유는 중력과 관성의 균형 때문입니다. 즉, 태양이 지구를 당기는 힘과 지구가 현재의 운동 상태를 유지하려는 성질이 서로 균형을 이루면서 태양에 충돌하지도, 완전히 벗어나지도 않는 것입니다.

중력은 질량에 근거한 당기는 힘, 즉 인력이기 때문에 직관적 이해를 위해서 자석에 비유해 보겠습니다. 태양의 중심에 인력이 작용하는 자석이 있다면, 지구의 중심에는 항성의 인력에 작용을 받는 물질(철과 같은)이 있어야 할 것입니다. 그래야만 지구가 태양을 중심으로 벗어나지 않을 것입니다. 그런데 만약에 태양의 인력을 작용받는 물질과 무게중심이 지구 외부에 있다면 궤도에서 벗어나 버릴 것이며 특정한 주기성 없이 이동하다가 결국 지구는 타 행성이나 항성과 충돌하여 소멸해 버릴 것입니다. 즉, 신앙과 종교가 있는 한 개인이더라도 항성을 따르고 인정하되 개인으로서의 무게중심은 본인 안에 있어야 합니다.

반면, 종교가 없는 사람은 어떨까요? 종교가 없는 사람은 어떠한 항성의 영향을 받지 않는 떠돌이 행성(고아 행성)으로 비유할 수 있습니다. 이 행성들은 특정 항성 주위를 돌지 않고 은하 공간을 떠도는 천체들입니다. 떠돌이 행성은 여러 가지 이유로 항성의 중력에서 벗어나 독립적으로 움직이게 되었을 수 있습니다. 예를 들어, 항성계의 형성 과정에서 중력적 상호작용으로 인해 궤도에서 이탈하거나 다른 천체와의 충돌이나 상호작용을 통해 밀려나올 수 있습니다. 떠돌이 행성은 어떤 특정 항성의 중력 영향을 받지 않지만, 여전히 은하 내의 다른 별, 성운, 은하의 중력장에 영향을 받기는 합니다. 즉, 이들은 은하적 차원에서 중력적 상호작용을 겪지만, 특정 항성의 중력에 의해 고정된 궤도를 따라 움직이진 않습니다. 이러한 떠돌이 행성의 무게중심 역시 외부에 있다면, 그 중심이 옮아 다닌다면 그 이동의 일관성이 없고 스스로도 예측하기 어려워 다른 행성이나 항성과 충돌할 가능성이 매우 커집니다.

이렇듯 종교가 있는 사람이든, 없는 사람이든 개인의 무게중심은 자신 스스로에게 있어야 한다고 봅니다. UN에서는 매년《세계 행복 보고서》를 발간합니다. 이 보고서에는 국가별 행복지수를 분석하여 그 순위를 공개하고 있습니다. 2024년까지 7년 연속 '자국민들이 가장 행복한 나라'로 선정된 곳은 핀란드입니다. 2위는 덴마크, 3위는 아이슬란드, 4위는 스웨덴, 5위는 이스라엘입니다. 1~4위는 개인주의와 선진적 복지 시스템이 잘 정착된 북유럽 국가라는 공통점이 있습니다. 5위인 이스라엘은 영토분쟁, 종교분쟁으로 늘 불안 속에서 살아야 하는 환경임에도 불구하고 국민들의 행복지수는 높습니다. 아마도 종교의 힘, 강한 신앙심에 의거한 만족감, 민족적 결속력이 행복지수에 반영된 것이지 않을까 추측해 봅니다.

핀란드, 덴마크, 아이슬란드, 스웨덴 국민들이 스스로 행복하다고 느끼는 것은 '성숙한 개인주의'와 '선진적 복지시스템'이 동시에 복합적으로 작용했기 때문입니다. 이 책에서는 정치와 정책의 영역인 복지 시스템보다는 성숙한 개인주의에 주목해 보려 합니다. 우선, 짚고 넘어갈 부분은 개인주의를 이기주의로 연상시켜서는 안 됩니다. 한국, 중국, 일본, 싱가포르 등 동아시아 국가들은 오랜 기간 '집단과 국가가 개인의 가치보다 중요하다.'고 교육을 받아 왔고 이로 인해 많은 국민들의 인식에도 그것이 자리 잡혀 있습니다. 개인의 가치보다 조직의 이익이 더 중요하며, 조직을 위해 개인이 희생 될 수 있다는 논리가 정당화되어 온 것입니다. 특히, 일제강점기와 한국전쟁을 겪은 후 국가를 재건해야 하는 1950~1970년대의 우리나라에서는 이러한 논리가 상당히 설득력 있었습니다. 하지만 2020년대인 오늘날에는 이러한 논리가 설득력을 잃어 가고 있습니다. 한국은 세계 10위의 경제 대국으로 성장하였고, 세계 7~8위 수준의 수출 대국이 되었으며, IT, 자동차 등 기술 산업뿐만 아니라 문화까지 수출하는 선진국가 반열에 올랐습니다. MZ세대라고 불리는 1980년대 이후 출생한 청년들은 경제적 · 문화적 풍요를 향유하며 성장해 왔고, 이들은 조직을 위한 개인의 희생을 수용하기 어려워합니다. 개인의 행복과 자아실현이 가장 중요한 가치로 자리 잡고 있고, 이와 상충하는 집단 및 조직의 강요는 당당하게 거부합니다. MZ세대와 그 이전 세대가 공존하는 현재의 상황에서 문화적 · 정서적 불협화음이 존재하지만 이는 더 나은 방향으로 나아가는 과도기적 현상이라 생각합니다. 전쟁, 국제 관계의 급격한 변화, 정치적 급변 등의 예외적 상황이 발생하지 않는 한 개인주의가 한국 사회에서도 주류 이념으로 자리 잡게 될 것입니다. 그렇다면 '개인주의가 옳은 것인가?', '개인주의가 정의에 더 가까운 이념인가?'와 같은 의문이 남을 수 있습니다. 제가 생각하기에 개인의 행복추구 관점에서는 개인주의가 정답이라 생각합니다. 집단주의, 극단적으로 전체주의는 '억압'과 '강요'가 수반되는데, 이는 일반적으로 한 개인에게는 '거부감', '회피' 등의 부정적 감정을 일으킵니다. 반면 개인이 중심에 있는 개인주의는 개인의 자유와 권리가 중요하며 자율성이 존중됩니다. 다양성과 개성이 존중되어 개인의 주체성이 인정됩니다. 개인 자체로 존중받고 인정받을 수 있으므로 일반적으로 개인의 만족감과 행복감이 높을 수밖에 없습니다.

다만, 성숙된 개인주의는 절제도 필요합니다. 분별없는 극단의 개인주의는 이기주의로 흐를 수 있습니다. 개인이 중심이 되지만 개인과 연결된 사회적 연결고리, 자신의 역할과 자아에 대한 고찰이 필수적입니다. 자신에게 이익이 되는 방법은 무엇이든 괜찮다는 이기주의로 흐르는 것을 늘 경계해야 합니다. 더 나아가 노블레스 오블리주를 실천하는 성숙된 개인주의가 필요합니다. 노블레스 오블리주는 강제가 아니라 자율과 자발성에서 기인합니다. 사회에서 스스로 공헌할 길을 모색하고 나눔을 실천하고, 스스로 선택하는 것입니다.

지금까지 무게중심이 '나 자신'에게 있어야 한다는 이야기를 이어

왔습니다. 무게중심을 자신에게 두고 외부의 환경변화나 공격에도 휘청거리지 않는 첫 번째 작업을 한 것입니다.

　다음 단계는 나 자신을 뜨겁게 사랑하고 관대해지는 것입니다. 대부분의 사람들은 사랑의 감정을 느껴 본 적이 있을 것입니다. 일반적으로는 유아시기 부모님의 사랑, 이후 이성으로부터 느끼는 사랑, 자녀에 대한 사랑 등 마음을 따뜻하게 하고 눈망울을 촉촉하게 하는 그런 사랑의 감정을 느껴 봤을 것입니다. 그런데 사랑이라는 것은 뜻하지 않게 저절로 시작하지만 그것을 지속하기 위해서는 '노력'과 '인위'가 필요합니다. 그냥 내버려둔다고 사랑의 감정이 오랜 시간 지속되는 것은 아닙니다. 사랑의 대상을 생각하고 추억하고 지속적인 만남의 시간도 필요합니다. '나 자신'에 대한 사랑도 마찬가지입니다. 저는 사랑도 나눔이라 생각합니다. 내 속에 나눌 수 있는 사랑의 총량이 충만해야 다른 사람에게 나눌 수 있다고 생각합니다. 내 속에 나눌 수 있는 사랑의 양이 적다면 타인에 대한 사랑도 적고 인색할 수밖에 없습니다. 내 속에 사랑이 충만하다는 것은 자신을 사랑하는 정도라고 볼 수 있습니다. 자아 성찰의 시간을 갖고 때때로 스스로를 위로하고, 사랑의 그릇을 채워 가며 더 크게 만들고 더 많은 사랑을 채워 가는 것이 필요합니다. 스스로 사랑의 그릇에 금을 만들고, 그릇에 사랑을 조금만 채워 놓을 필요가 없습니다. 그 그릇의 아름다움, 그 그릇에 담긴 풍족함을 떠올리며 나 자신을 뜨겁게 사랑해야만 합니다.

간혹 자신에게 인색하고 유독 스스로 채찍질을 하는 사람들이 있습니다. 하지만 그들 중 '타인을 사랑하고 헌신한다.'고 운운하는 이들도 있습니다. 그러한 사람들은 삐뚤어진 사랑을 할 가능성이 매우 큽니다. 자신을 사랑하지 않기 때문에 사랑의 그릇에 채워진 사랑의 양이 적은데 그것을 타인에게 나누어 주면 금방 바닥을 보이고 그릇이 다시 채워지길 원합니다. 즉 '내가 이만큼 사랑을 줬으니 너도 이제 사랑을 돌려 달라.'는 식으로 사랑의 반대급부를 원하게 됩니다. 삐뚤어진 사랑의 시작이라 할 수 있습니다.

자신을 뜨겁게 사랑하는 사람은 겉으로 드러나는 몇 가지 특징이 있습니다. 첫째, 행복해 보입니다. 웃는 모습을 자주 볼 수 있고 표정이 부드러우며 온화합니다. 둘째, 자신감이 넘칩니다. 말과 행동이 신중하되 흔들림이 없습니다. 셋째, 전체를 아우를 줄 알며 나눔을 실천합니다. 개인의 관점을 뛰어넘는 사고를 하고, 이타적인 행동을 하는 경우가 많습니다. 물론 반론을 제기하는 사람이 있을 수 있습니다. 자신을 지나치게 사랑하지만 타인에게는 인색하고 나눌 줄 모르는 사람들을 종종 볼 수 있기 때문입니다. 하지만 그러한 사람들은 자신이 만든 사랑 그릇 어딘가에 금이 가 있어서 사랑이 새고 있거나, 그릇 외부의 요인으로 사랑이 쉽게 증발해 버리고 있어서 늘 채워지지 않는 유형일 것입니다.

명심합시다! 나의 사랑 그릇을 크게 만들고 가득 채워야 그 사랑을 나눌 수 있고, 그것의 시작과 끝은 나 자신을 뜨겁게 사랑하는 것입니다!

회복탄력성, 긍정적 방향으로 사고를 전환하다

사람은 살아가면서 수많은 스트레스 상황에 직면하게 됩니다. 그러한 스트레스는 관계악화, 건강악화, 성과미달 등 부정적인 상황으로 귀결되기도 하는가 하면 어떠한 경우에는 관계개선, 정서적 견고함, 성과창출 등 긍정적인 상황으로 이어지기도 합니다. 스트레스 상황이라는 같은 요소가 투입되었음에도 불구하고 전혀 다른 방향의 결과가 산출되는 이유는 무엇일까요? 그것은 스트레스를 대하는 개인의 태도와 관점에서 차이가 발생한다고 봅니다. 이렇게 부정적 스트레스 상황을 긍정의 방향으로 전환하는 작위적 의식이 회복탄력성이라 할 수 있겠습니다.

우리나라에서 회복탄력성에 대해 본격적으로 논의가 된 시점은 2010년대 중반입니다. 국내에서 학술적으로 조명받은 역사가 짧다보니 용어의 정의도 다양합니다. 네이버사전(국어사전)에서는 회복탄력성을 '실패나 부정적인 상황을 극복하고 원래의 안정된 심리적 상태를 되찾는 성질이나 능력'이라고 정의하고 있고 이러한 정의 또한 경향신문 2016년 2월 기사에 기반을 두고 있는 실정입니다. 이외에도 다양한 정의가 시도되고 있는 상황입니다. 다양한 개념적 정의를 참고했을 때 저는 회복탄력성을 다음과 같이 정의하고자 합니다.

'부정적 상황이나 인식에도 불구하고
긍정적 방향으로의 전환하려는 심리·정서적 힘'

　이러한 회복탄력성은 유전적 요인이나 어린 시절 성장환경 등 선천적 요소도 상당 부분 반영될 수 있습니다. 그래서 육아가 매우 중요합니다. 안정적인 가정에서 긍정적, 지지적 지원을 받은 아이들은 회복탄력성이 높을 가능성이 큽니다. 이러한 환경에서 자란 사람들은 어려움을 겪게 되더라도 심리적으로 덜 취약할 것입니다.

　다만, 회복탄력성은 후천적인 능력으로 발전할 수 있는 특성입니다. 우선 경험을 통해 회복탄력성을 배양할 수 있습니다. 개인이 어려운 상황을 겪으면서 그것을 어떻게 이겨 내고 극복하는지를 통해 강화될 수 있습니다. 사람들은 시련을 통해 더 강해지며, 실패나 고난을 통해 인내와 적응력을 배울 수 있습니다. 즉 심리·정서적 맷집이 세지는 것입니다. 긍정적 사고를 지속적으로 훈련하여 회복탄력성을 강화할 수 있습니다. 낙관적인 사고는 후천적으로 배울 수 있는 능력입니다. 긍정적인 면을 바라보는 연습, 실패를 성장의 기회로 바라보는 태도, 감정 조절과 같은 훈련을 통해 회복탄력성을 강화할 수 있습니다.

　그리고 가족, 친구, 동료 등 주변 사람들과의 긍정적인 관계는 회복탄력성을 키우는 데 중요한 역할을 하기도 합니다. 후천적으로 이러한 관계를 잘 형성하고, 지지받을 수 있는 환경을 구축하면 회복탄력성을 높일 수 있습니다.

회복탄력성의 중요성과 위력에 대한 이해를 돕기 위해 사례를 들고자 합니다. 회복탄력성을 발휘해 역경을 극복하고 성공을 이룬 대표적인 위인으로 남아프리카공화국의 넬슨 만델라(Nelson Mandela)를 소개하려 합니다. 만델라는 남아프리카공화국에서 인종차별 정책인 아파르트헤이트(Apartheid)에 맞서 싸운 인권운동가이자 정치 지도자입니다. 그는 엄청난 고난과 역경 속에서도 포

> **넬슨 만델라 (1918~2013)**
>
> ◇ 남아공의 인종차별에 맞서 싸운 인권 운동가로 훗날 남아공 최초의 흑인 대통령으로 선출된 인물
> ◇ 아파르트헤이트(남아공 인종차별정책)에 반대하는 활동으로 27년간 투옥됨
> ◇ 노벨평화상, 레닌평화상 등 수상
> ◇ 명언: "나는 실패자가 아니다. 나는 실패에서 배우고 성장한다.", "교육은 세상을 변화시키는 가장 강력한 무기이다."

기하지 않고, 회복탄력성을 발휘해 남아공 최초의 흑인 대통령이 되며 인종 화합과 민주화를 이끌어 냈습니다.

만델라의 고국인 남아프리카공화국은 지금도 세계에서 인종차별, 인종 간 갈등이 가장 심한 나라 중 하나입니다. 최근인 2024년 8월에도 끔직한 사건이 발생해 세계를 놀라게 했습니다. 버려지는 음식을 구하러 백인이 운영하는 농장에 몰래 들어간 흑인 여성들이 백인 농장주와 관리인의 총에 살해된 사건입니다. 심지어 총에 맞아 사망한 흑인 여성들의 시신이 돼지우리에 버려졌고 그 시신의 일부가 돼

지에게 먹히기까지 했습니다. 동시대의 지구촌에서 일어난 일이라고는 믿기 어려운 사건이었습니다. 그만큼 남아프리카공화국은 한 국가 내에서 인종차별과 인종 간 갈등이 극심한 국가입니다. 남아프리카공화국에서 이렇게 극심한 갈등이 종식되지 못한 것은 국가 차원의 인종차별정책인 아파르트헤이트(1948년~1994년)가 오랜 기간 존속했기 때문입니다. 만델라는 이러한 국가에서 인종차별을 철폐하고 인종 간 갈등을 해소하기 위해 자신의 평생을 바쳤습니다.

회복탄력성을 언급하기 위해서는 역경이 전제돼야 합니다. 넬슨 만델라는 아주 극단적인 고난을 겪어야만 했습니다. 넬슨 만델라는 아파르트헤이트(남아프리카 인종차별 정책)에 반대하는 활동으로 인해 1962년 체포되어 27년간 감옥에서 생활했습니다. 인생의 1/3을 자유가 억압된 감옥에서 지낸 것입니다. 그는 로벤섬에서 강제 노동을 하며 비인간적인 대우를 받았고, 정치 활동을 전혀 할 수 없는 상황에 처해 있었습니다.

그러나 만델라는 이 극한의 상황에서도 마음의 평정을 유지하고, 포기하지 않았습니다. 그는 감옥 내에서도 학문과 글쓰기를 통해 자신의 철학을 발전시키고, 인종차별에 맞서 평화와 화합을 위한 비폭력적인 방법을 모색했습니다. 우리나라의 경우, 유신정권에 맞서 싸워 민주화 투쟁을 하다 감옥 생활을 하신 김대중 전 대통령이 오버랩(Overlap)됩니다.

만델라는 수감 기간에도 정부와 협상하며 남아공의 미래를 위한 비폭력적 해결방안을 추구했습니다. 그는 오랜 기간 자유를 박탈당했음에도 불구하고 분노에 사로잡히지 않았고, 오히려 흑인과 백인 간의 화해를 중시했습니다. 이는 그의 뛰어난 회복탄력성 덕분에 가능한 일이었습니다. 만델라는 석방된 후에도 흑인과 백인 모두가 평등하게 살아가는 사회를 만들기 위해 힘썼고, 보복보다는 화해와 용서의 메시지를 전했습니다. 이러한 만델라의 태도는 남아공이 평화적인 방법으로 아파르트헤이트(남아프리카 인종차별 정책)를 종식시키는 데 큰 역할을 했습니다.

그는 1990년 2월에 출소했고 그로부터 4년 뒤인 1994년, 남아공 최초의 민주 선거에서 남아공 최초의 흑인 대통령으로 당선됐습니다. 그의 회복탄력성이 대단했다고 인정할 수밖에 없는 점은 국가 최고 권력자가 되었음에도 불구하고 백인 소수 통치 기간의 억압과 차별을 경험한 흑인들이 복수심에 휩싸이지 않도록 노력했다는 점입니다. 특히 유명한 일화로는 1995년 남아공 럭비 월드컵에서 만델라가 럭비 경기를 통해 국민 통합을 이끈 사건이 있었습니다. 당시 럭비는 주로 백인들이 즐기는 스포츠였지만, 만델라는 이 대회를 흑인과 백인이 하나 되는 기회로 활용했다고 합니다. 결승전에서 만델라는 남아공 럭비 대표팀 유니폼을 입고 경기장을 찾았고, 이를 통해 백인들의 마음을 얻고 남아공 전체의 화합을 이루었습니다. 이 행동은 백인들에게 큰 감동을 주었고, 남아공이 극심한 갈등을 넘어 통합의 길로 나아가는 데 중요한 전환점이 되었습니다.

만델라는 27년의 수감 생활에도 불구하고 끊임없는 희망과 인내로 암울했던 상황을 극복해 냈다고 합니다. 그는 자신의 고통을 복수심으로 전환하지 않고, 오히려 화해와 용서를 통해 국가적 통합을 이루는 지도자로 성장했습니다. 만델라에게 이러한 강력한 회복탄력성이 없었다면 불가능했을 일입니다. 그의 리더십은 단순히 인종차별을 끝내는 것에 그치지 않고, 남아공을 평화롭고 통합된 사회로 이끄는 중요한 역할을 했습니다. 만델라는 "과거에 집착하면 미래로 나아갈 수 없다."는 철학을 바탕으로 개인적 고통을 국가의 발전을 위한 에너지로 전환시켰습니다.

회복탄력성이 높은 사람들에게는 공통된 특징이 있습니다. 낙관적인 태도, 즉 긍정적인 방향으로 사고의 전환을 잘한다는 것입니다. 낙관적인 태도는 낙천적인 성격과는 다릅니다. 낙천적인 성격이 선천적이고 기질에 가깝다면, 낙관적인 태도는 후천적이고 의지이며 사고의 방식입니다. 어려운 상황, 부정적인 환경에 처하더라도 이것을 해결하고 극복하려는 노력, 또는 부정적인 심리와 정서에서 벗어나기 위한 신속한 사고의 전환이 회복탄력성의 핵심입니다. 이러한 낙관적인 태도를 바탕으로 소소한 성취들을 누적하게 되고 이는 자신감을 구축하는 데 기여합니다. 문제상황이나 변화에 대한 두려움을 갖기보다는 다양한 각도에서 바라보는 유연한 사고를 하는 것도 회복탄력성을 키우는 데 도움이 될 것입니다.

희생이 필요한 순간, 용기내고 앞장서다

'희생정신'은 사람의 그릇을 알 수 있는 대표적인 척도 중에 하나입니다. 사람에게 '그릇이 크다.'는 것은 일반인과는 다른 대범함과 모범성 및 고매함을 갖고 있다는 것입니다. 그러한 모범성과 고매함이 드러나는 대표적인 특징이 희생정신이라 할 수 있습니다. 현대 사회에서는 본인의 안위, 이기를 삶의 지향점으로 삼고 사는 사람들이 아주 많습니다. 표를 얻고자 하는 정치인의 감언이설 이외에 자신을 희생하여 대의를 구현하는 일화는 찾기 어려운 시대입니다. 인간에게 있어서 공동체 생활은 필연적입니다. 지역사회와 국가가 존속하기 위해서는 반드시 공동체의 조직이 필요합니다. 그러한 집단에서 모든 구성원들이 개인의 이익만을 추구하면 어떠한 현상이 나타날까요? 업무분장과 인사제도는 결코 완벽할 수 없습니다. 때로는 누군가의 희생이 조직을 위해서 반드시 필요한 경우가 생깁니다. 그때 발휘되는 것이 희생정신입니다. 내가 손해를 보더라도 조직과 타인을 위해서 자신을 던지는 것입니다. 이러한 실천은 누구나 할 수 있는 것이 아닙니다. 보통은 방관자가 되려 하고 내가 아닌 다른 누군가가 해결하고 희생하길 기다리는 것이 대부분입니다.

희생정신의 대표적인 일화가 어떤 것이 있을까요? 가장 먼저 떠오르는 것은 대한민국 독립을 위해 목숨 바쳐 싸운 독립운동가들의 이야기입니다. 안창호, 안중근, 유관순, 윤봉길 등의 독립운동가들은 일제 침탈에 맞서 자신의 인생과 목숨을 송두리째 내던졌습니다. 그 시기에 누군가는 일제에 빌붙어 권력과 재물을 축적했고, 상당수는 문제 인식은 갖고 있으나 자신의 안위가 걱정

도산 안창호 (1878~1938)
◇ 한말의 대표적인 애국계몽운동가로 임시정부, 독립협회, 신민회, 흥사단 등 다양한 조직에서 독립운동 전개
◇ 한국 최초 남녀공학 학교인 점진학교 설립
◇ 국민대표자회의 주관하고 독립운동 계파 간 갈등을 중재
◇ 명언: "오렌지 한 개를 따더라도 정성껏 따라.", "낙망(落望)은 청년의 죽음이요, 청년이 죽으면 민족이 죽는다.", "나 하나를 건전한 인격체로 만드는 것이 우리 민족을 건전하게 만드는 유일한 길이다."

되어 머뭇거리는 방관자의 길을 선택했습니다. 그러한 악조건 속에서도, 자신의 생명이 위험해질 수 있다는 사실을 알면서도 조국과 국민을 위해서 용기 있는 행동을 할 수 있었던 원동력은 무엇일까요? 민족과 조국에 대한 사랑이 있었기 때문입니다. 그리고 독립에 대한 피 끓는 열망이 있었기 때문입니다. 생각은 누구든 할 수 있습니다. 다만 행동으로 실천한다는 것은 대단한 용기와 희생정신이 필요합니다. 이러한 희생정신은 작은 그릇에서는 결코 발휘될 수 없는 덕목입니다.

우리 대한민국 역사상 희생정신을 보여 준 인물이 많습니다. 그중 상대적으로 덜 알려진 인물인 도산 안창호 선생에 대한 이야기를 해

보고자 합니다. 도산 안창호 선생의 사진은 역사책에도 자주 등장하여 우리에게 익숙한 독립운동가 중 한 명입니다. 하지만 그의 업적에 대해 알고 있는 이는 많지 않습니다. 그 이유는 다른 독립운동가들에 비해 그의 일대기에는 자극적인 일화가 없기 때문이라 생각합니다. 안중근 의사의 이토 히로부미 저격, 소녀 유관순 의사의 만세시위 운동, 윤봉길 의사의 도시락 폭탄은 강렬한 이미지인 '사건'으로 각인되기 쉽습니다. 반면 도산 안창호는 '의사'라는 칭호가 아닌 '선생'이라는 칭호가 주로 붙는 인물이며 특정한 사건으로 기억되지 않는 것이 현실입니다. 그렇다고 도산 안창호 선생의 독립운동이 조명받지 못해서는 안 됩니다. 그는 그의 삶 자체를 조국의 독립을 위해 사용했습니다. 독립을 위해 자신을 헌신하는 '희생정신'과 각종 독립·애국 단체 내에서의 '희생정신'까지 발휘한 인물입니다. 그는 당시 명망 있는 독립운동가였으나 역할이나 자리에 연연하지 않았습니다. 당시 안창호 선생은 대한민국 임시정부에서 이승만, 김구와 어깨를 견줄 만큼 영향력 있는 인물이었음에도 불구하고 자리를 탐하거나 권력을 좇지 않았습니다. 그에게는 '권력'과 '자리'는 중요하지 않았습니다. 대한민국 독립이라는 '대의'만 있었던 것입니다. 국가와 민족을 위한 희생정신과 더불어 조직 내에서도 희생정신을 발휘하며 '삶 그 자체가 희생정신'인 매우 드문 위인입니다.

  '시대가 영웅을 만든다.', '난세에 영웅이 나온다.'는 말이 있습니다. 비극적인 시기, 암울한 시대라는 '암(暗)'이 영웅의 행적이라는 '명

(明)'을 더 선명하게 만드는 것은 분명합니다. 하지만 여러 불빛 중에 가장 밝은 불빛이 전체의 밝음을 선도합니다. 자신을 태워 불빛을 만드는 희생정신을 발휘하는 영웅이 없다면 세상은 점차 어두운 길로 접어들 것입니다.

항산항심(恒産恒心)을 위한
넉넉한 경제력을 갖추다

이상적인 그릇을 위해서는 넉넉한 경제력도 필요합니다. 넉넉한 경제력에서 넉넉함이란 추상적이고 상대적이며 모호하다는 공격을 받기 쉬울 것 같습니다. 하지만 객관적 지표로써 넉넉함을 규정할 수는 없습니다. 사람마다 만족할 수 있는 경제력은 다르기 때문입니다. 그렇다고 해서 넉넉한 경제력이 다다익선을 의미하는 것은 아닙니다. 과도한 부의 축적, 상속으로 인한 부의 대물림 등은 오히려 이상적 그릇의 걸림돌이 될 수도 있습니다. 제가 넉넉한 경제력을 이상적 그릇형성에서 하나의 중요 요소로 주목한 점은 '항산항심(恒産恒心)'입니다.

《맹자(孟子)》 양혜왕(梁惠王) 편 상(上)에 나오는 말이다. 맹자는 성선설(性善說)을 바탕으로 인(仁)에 의한 덕치(德治)를 주장한 유가(儒家)의 대표적인 학자이다. 어느 날 제(濟)나라 선왕(宣王)이 정치에 대하여 묻자, 백성들이 배부르게 먹고 따뜻하게 지내면 왕도의 길은 자연히 열리게 된다며 다음과 같이 대답하였다.

"경제적으로 생활이 안정되지 않아도 항상 바른 마음을 가질 수 있는 것은 오직 뜻있는 선비만 가능한 일입니다. 일반 백성에 이르러서는 경제적 안정이 없으면 항상 바른 마음을 가질 수 없습니다. 항상 바른 마음을 가질 수 없다면 방탕하고 편벽되며 부정하고 허황되어 이미 어찌할 수가 없게 됩니다. 그들이 죄를 범한 후에 법으로 그들을 처벌한다는 것은 곧 백성을 그물질하는 것과 같습니다 (無恒産而有恒心者 唯士爲能 若民則無恒産 因無恒心 苟無恒心 放僻邪侈 無不爲已 及陷於罪然後 從而刑之 是罔民也). 그리고는 이어서 "어떻게 어진 임금이 백성들을 그물질할 수 있습니까?" 하고 반문하였다.

> **맹자**
> **(기원전372~기원전289)**
>
> ◇ 공자의 사상을 이어 발전시킨 유학자
> ◇ 성선설, 왕도정치 주장
> ◇ 저서: 《맹자》
> ◇ 명언: "대장부는 세 가지 즐거움이 있으나 천하를 다스리는 것은 그 속에 없다.", "사람은 가까운 이들을 사랑하고 나서야 남을 사랑할 수 있다."
> ◇ 일화: 맹모삼천지교(孟母三遷之敎)

임금의 자리는 하늘이 내린 것이라는 생각이 통하던 시대에, 백성을 하늘로 생각하고 그들에게 얼마만큼 안정된 생활을 제공하느냐 하는 것이 정치의 요체이며 백성들의 실생활을 돌보는 것이 임금의 도리라고 설파한 것이다. 맹자의 이러한 생각은 민본 사상을 바탕으로 한 깊은 통찰력의 결과로, 역사상 혁명의 주체는 항상 중산층이었다는 사실과 일치하고 있다. 오늘날도 국민들의 생활 안정이 통치의 근본이라는 의미에서, '항산이 있어야 항심이 있다.'는 식으로 자주 인용된다.

[네이버 지식백과] 무항산무항심 [無恒産無恒心] (두산백과)

　위의 맹자의 일화에서는 항산항심의 대상이 백성이었습니다. 왕이 백성들을 잘 다스리기 위한 조건은 백성들이 경제적으로 안정되어야 한다는 내용입니다. 경제적 안정이 되지 않으면 바른 마음과 바른 행실을 기대하기 어렵다는 것입니다. 이것은 우리에게 익숙한 매슬로우의 욕구단계론과도 맥을 함께합니다.

인간의 가장 기본이 되는 욕구는 생리적 욕구입니다. 음식을 먹고, 잠을 자는 등 생존을 위한 기본 욕구들이 충족되어야 다음 차원의 욕구를 가질 수 있다는 것입니다. 그림 상 가장 하단에 있는 "생리적 욕구"가 해결되는 것이 시작이며, 단계별 욕구들이 충족되어야 상단에 있는 "존경의 욕구", "자아실현의 욕구"가 생길 수 있다는 의미입니다. 즉, "생리적 욕구"의 충족은 "존경의 욕구"나 "자아실현의 욕구"를 위한 필요조건인 셈입니다.

[그림] 메슬로우의 욕구단계

맹자는 선비의 경우에는 경제적 안정을 이루지 못하더라도 바른 마음을 견지할 수 있다고 주장했지만, 맹자가 말한 선비는 다소 이상적이고 상징적인 인물로 여겨집니다. 생존을 위한 기본 조건들이 보장되지 않는 상황에서 지속적인 바른 마음을 갖는 것은 불가능에 가깝습니다. 즉, 통치의 대상뿐만 아니라 통치자 역시 한 인간에 불과하므로 생존을 위한 경제력을 갖추는 것은 필수입니다. 다만, 이상적 그릇을 위해서는 생존을 위한 마지노선의 경제력보다는 넉넉해야 한다고 생각합니다. 이상적 그릇은 자신보다 부족하고 도움이 필요한 곳에 베풀 수 있는 정서적 넉넉함이 필요하기 때문입니다. 물질의 넉넉함이 반드시 정서적 넉넉함을 가져오는 것은 아닙니다. 하지만 그 물질의 넉넉함이 생존을 위한 마지노선의 경제력보다 커야 한다는 것은 명백합니다. 두 요소의 간극은 사람들마다 차이가 있겠지만, 이상적인 그릇일수록 그 간극은 크지 않을 것이라 생각합니다. 즉, 이상적 그릇은 상대적인 약자들에게 나눔을 실천하는 데 엄청난 부를 필요로 하지는 않는다는 의미입니다. 항심을 위한 항산, 자아실현을 위한 생리적 욕구의 충족은 이상적 그릇을 위한 필수조건이므로 넉넉한 경제력을 갖추는 것이 반드시 필요합니다.

다만, 부를 축적하는 데 있어 그 과정 역시 중요합니다. 범죄수익, 투기로 인한 수익 등은 정당화될 수 없습니다. 타인에게 피해를 주며 얻은 수익, 타인의 생존권을 직·간접적으로 제한하는 투기행위로 얻은 수익은 그 과정 자체가 이상과 정당성에서 동떨어져 있습니다.

일례로 현직 국회의원이 과거 횡령 및 배임한 이력 때문에 체포동의 안이 가결되는가 하면, 직무수행을 하면서 얻은 정보로 막대한 이익을 취하는 행위가 알려지면서 공공기관 전체가 홍역을 치르기도 했습니다. 악습의 이익 추구행위를 분별할 수 있는 분별력이 필요하며 자신에 대한 엄격한 도덕적 기준을 마련해 둘 필요가 있습니다. 역량과 권한이 커질수록 이익을 취할 수 있는 순간이 많아지고, 이익의 수준 역시 커지게 됩니다. 미래 유혹의 순간에서 흔들림 없는 도덕적 판단을 할 수 있도록, 그 이전부터 철저하고 치열하게 윤리적 고찰을 하는 것이 필요합니다.

덜어내고 나눌수록 채워지다

유형의 실물 그릇은 한번 만들고 나면 그 크기와 모양이 고정됩니다. 임의로 크기를 변형하려 하거나 모양을 바꾸려 하면 그릇이 깨질 수도 있고 모양이 일그러질 수도 있습니다.

그런데 사람 그릇은 다릅니다. 그릇의 크기와 품질이 주변 환경이나 개인의 의지에 따라 변화할 수 있습니다. 심지어 견고하게 만들어진 그릇도 어떠한 내용물을 담느냐에 따라 더 오목해지기도 하고 더 넓게 확장되기도 합니다. 사람 그릇을 크게 하는 데 가장 유효한 내용물은 공헌감이라 생각합니다. 공헌감은 《미움받을 용기》라는 책에 등장하는 개념이지만 아직 어학사전에는 등재되지 않은 용어입니다. 공헌감을 다음과 같이 정의하고 싶습니다.

'자신의 노력과 헌신으로 타인이나 사회에 도움이 되는 것에 대한
개인의 만족감이나 성취감'

이러한 공헌감은 이타주의와 애민(愛民)이 전제돼 있습니다. 공헌감은 결국 나 이외의 사람들, 조직, 지역사회, 국가, 인류와 세계를 향합니다. 더 많은 사람들과 더 큰 세상을 품는 의지의 발휘이고 그 결과물입니다.

공헌감을 얻기 위해서는 개인의 투여가 반드시 필요합니다. 그 투여를 '나눔'이라 달리 표현할 수 있을 것입니다. 나누다는 의미는 부정적인 관점에서는 '내가 차지할 이익의 감소'로 여겨질 수도 있습니다. 하지만 나눔의 본질인 긍정적인 관점, 순기능에 주목할 필요가 있습니다. 나눔은 크게 두 가지 관점에서 순기능을 합니다. 첫째, 나눔행위를 하는 개인의 만족감, 공헌감 등의 긍정적인 감정이 생기고 결국 개인의 행복으로 이어질 가능성이 매우 큽니다. 물론 예외는 존재합니다. 나눔행위를 하더라도 만족감이나 공헌감을 느끼지 못하는 사람이나, 나눔행위를 개인이나 조직의 이익을 위해서 일시적인 전략으로 활용하는 경우에는 근본적인 행복감에 도달하지 못할 것입니다. 둘째, 나누는 것은 사회 전체의 효용가치를 증대시킵니다. 나눔은 상대적으로 더 가지고 있는 것을 타인이나 사회에 기부하는 것인데, 나눔행위를 하는 주체가 무언가를 나누지 않고 본인이 보유함으로써 향유하는 효용보다 이것을 상대적으로 더 필요로 하는 타인이나 사회에 공유함으로써 발생하는 사회적 효용이 더 큽니다. 즉, 더 많은 사람들에게 더 큰 이익이 돌아가므로 공리주의 관점에도 부합합니다. 다만, 나눔의 전제로 나눔을 하는 주체의 자기결정권이 보장되어야 합니다. 강제와 의무에 기반한 나눔은 진정한 의미의 '나눔'이 아니라 '분배'가 되기 때문입니다.

나눔이라는 실천행위가 어떠한 긍정적인 결과물로 이어지는지는 이미 다양한 책들을 통해서 소개되고 있습니다. 애덤 그랜트(Adam Grant)의 《기브 앤 테이크(Give and Take)》는 사람들이 직장과 사회생활에서 어떻게 성공하는지에 대한 새로운 관점을 제시하는 책입니다. 이 책의 저자는 사람들을 세 가지 유형으로 나누어 설명하며, 성공의 중요한 열쇠로 이타적인 행동을 강조합니다. 이 책은 성공이 단순히 경쟁에서 이기는 것이 아니라, 다른 사람들과의 상호작용에서 오는 결과임을 보여 줍니다.

이 책에서는 사람들을 직장에서 다른 사람들과 상호작용하는 방식에 따라 기버(Giver), 테이커(Taker), 매처(Matcher)로 나누고 있습니다.

- 기버(Giver): 다른 사람을 돕는 것을 우선으로 하고, 도움을 받기보다는 주는 데 집중함. 기버는 이타적이고 타인의 성공을 촉진하는 경향이 있음.
- 테이커(Taker): 자신에게 이익이 되는 행동을 우선시하고, 남을 도울 때도 주로 자신의 이익을 염두에 둠. 테이커는 다른 사람들로부터 최대한 많은 것을 얻고자 함.
- 매처(Matcher): 주고받는 것에 균형을 맞추려고 하며, 도움을 받으면 그만큼 되돌려 주려 함. 매처는 공정성을 중요시하며 상호적인 관계를 추구함.

그랜트는 '기버'가 때로는 최하위로 보이기도 하지만, 최상위에도 자주 위치한다고 설명합니다. 기버가 실패하는 이유는 때때로 다른 사람들을 돕느라 자신을 돌보지 않기 때문입니다. 그러나 장기적으로 보면, 기버는 신뢰를 구축하고 더 많은 기회를 얻어 높은 성과를

이룰 수 있습니다. 반면 테이커는 초기에는 빠르게 성공할 수 있지만, 신뢰를 잃으면 결국 장기적으로 손해를 보게 됩니다. 기버는 즉각적인 보상을 바라기보다는 장기적인 신뢰와 관계 형성에 중점을 둡니다.

'테이커'는 처음에는 빠르게 이득을 얻을 수 있지만, 시간이 지남에 따라 신뢰를 잃고 다른 사람들과의 관계가 악화될 수 있습니다. 그랜트는 테이커가 장기적으로 성공하기 어렵다고 지적하며, 테이커의 행동이 사람들 사이의 갈등과 불신을 초래할 수 있다고 설명합니다.

'매처'는 공정성을 중시하지만, 때로는 '테이커'와 '기버' 사이에서 갈등을 느낄 수 있습니다. 매처는 테이커에게 경계심을 가지면서도 기버에게는 호의를 베풀려고 노력합니다. 매처는 사회적 관계에서 중요한 역할을 하지만, 기버만큼의 성공을 거두지는 못하는 경향이 있습니다.

이 책은 네트워킹, 협상, 리더십 상황에서 기버의 접근 방식이 어떻게 더 큰 성공을 이끌어 내는지를 다양한 사례와 연구를 통해 설명하기도 합니다. 기버는 네트워크를 형성할 때 진정성 있는 관계를 구축하고, 협상에서는 상대방의 필요를 고려하면서도 좋은 결과를 얻습니다. 리더십에서도 기버는 팀의 성공을 위해 헌신하며, 팀원들에게 영감을 줍니다.

그랜트(Adam Grant)의 《기브 앤 테이크(Give and Take)》와 기본

적인 맥락은 유사하지만 조금 다른 관점에서 사회적 공헌을 조명한 슈테판 클라인(Stefan Klein)이 쓴《현명한 이타주의자》라는 책이 있습니다. 클라인은 이 책에서 인간이 타인을 돕는 본능을 가지고 있으며, 이러한 이타주의적 행동이 인간의 행복과 삶의 만족도를 높이는 데 중요한 역할을 한다고 설명합니다. 그는 이타주의가 단순한 윤리적 선택을 넘어서, 개인과 사회 전체의 번영을 위한 중요한 요소임을 강조하고 있습니다. 이 책에서는 이타주의가 단순히 남을 돕는 것이 아니라, 우리 내면에서 자연스럽게 발현되는 본능적 감정이라고 말합니다. 인간은 타인의 고통을 보고 연민을 느끼고, 도움을 주고 싶어 하는 경향이 있습니다. 이러한 이타적인 행동은 생물학적, 심리적 기초를 가지고 있다는 점을 강조합니다. 또한 이타주의적 행동이 개인의 행복과 삶의 만족을 높이는 데 긍정적인 영향을 미친다고 주장합니다. 남을 돕는 행위는 우리의 뇌에서 도파민과 같은 행복 호르몬을 분비시키고, 이는 우리의 정신적, 신체적 건강에도 기여할 수 있다는 것입니다. 따라서 이타주의는 단순히 남을 위한 것이 아니라, 스스로에게도 유익하다고 설파합니다.

다만, 클라인은 이타주의가 무조건적인 희생이 아니라, 현명한 선택이어야 한다고 주장합니다. 남을 도울 때는 자신의 능력과 자원을 고려해 가장 효과적으로 기여할 수 있는 방법을 찾아야 한다는 것입니다. 이타주의적 행동이 지속 가능하려면, 자신을 지나치게 희생하기보다는 장기적인 관점에서 이타적인 행동을 실천하는 것이 중요하다고 설명합니다.

애덤 그랜트(Adam Grant)의 《기브 앤 테이크(Give and Take)》와 클라인(Stefan Klein)의 《현명한 이타주의자》를 통해 공통된 결론 두 가지를 이끌어 낼 수 있습니다. 첫째는 '나눔'과 '사회적 공헌'과 같은 이타주의가 행복과 직접적인 관계가 있다는 것이고 둘째는 그러한 이타적인 행동도 자신의 능력과 자원을 고려해 균형과 절제가 필요하며 장기적이 관점으로 실천해야 한다는 것입니다.

주변을 돌보고, 나눔을 실천하는 것이 오히려 자신에게 이익이 되고, 나눈 것보다 더 크게 돌아온다는 역설적인 원리. 옛 성현들은 이러한 중요한 원리를 많은 이들에게 전하고 싶었을 것 같습니다.

- "주는 것이 받는 것보다 복이 있다." - 예수 -
- "무주상보시(無住相布施): 집착 없이 남에게 베풀어 주는 것에 대한 가르침" - 불교 《금강경》 -
- "인자무적(仁者無敵): 어진 사람은 적이 없다." - 맹자 -
- "행복의 비결은 받는 것보다 나누는 것에 있다." - 고대 로마 철학자 세네카 -
- "인생의 참된 의미는 나눔에 있다." - 톨스토이 -
- "우리는 큰일을 할 수 없습니다. 다만 작은 일을 큰 사랑으로 할 수 있을 뿐입니다." - 마더 테레사 -

인생의 고귀성은 자신을 성찰하고 나눔을 실천하는 것에서 비롯된다고 믿습니다.

나의 부족함을 채워 줄 조력자를 곁에 두다

　잘 빚어진 그릇은 그 자체로도 아름답고 가치가 있지만 아직은 투박합니다. 더 아름다운 자태를 뽐내는 도자기가 되려면 유약의 과정이 필요합니다. 유약의 과정은 빚어진 그릇의 표면에 유약을 발라 높은 열을 가해 코팅을 하는 것으로 이해하면 됩니다. 유약의 과정을 통해 그릇에 광택을 더하고 더 단단해지며 독특한 색을 띠게 만들기도 합니다. 유약의 종류도 무척이나 다양하며 그로 인해 완성된 도자기의 결과물도 천차만별입니다.

　그릇(도자기)의 '완성'에 있어서 유약은 조력의 역할을 하고 필수적 요소입니다. 도자기의 가치와 실용성을 올리는 마지막 단계에 유약이라는 조력자가 필요한 것입니다. 사람에게도 마찬가지입니다. 사람은 저마다 자신의 색깔을 갖고 자신의 가치를 추구하며 서로 다른 그릇을 만들어 갑니다. 기본적인 재료로 그릇을 만드는 것까지는 가능하나 스스로 완성도 100%에는 도달하지 못합니다. '나' 이외의 영역에서 조력이 필요합니다. 인간에게 있어서는 가족일 수도 있고, 친구일 수도 있으며, 제3의 멘토일 수 있습니다. 도자기에서 유약의 역할이 그러하듯, 인간에게 이러한 조력자는 한 인간을 더 단단하게 하며, 광택을 내주고, 그 사람만의 새로운 색깔을 만드는 데 기여합니다. 이는 어쩌면 인간의 한계성에서 기인한다고 볼 수 있습니다. 한 인간은 모든 면에서 전문가일 수 없고, 타인의 지원과 조력에 말미암아 더 윤택한 삶을 살아갈 수 있습니다. 경제학에서 말하는 분업도 결국 인간의 한계성을 극복하기 위한 인위적 노력이라 할 수 있습니다. 오늘날 우리가 한시도 손에서 놓지 않는 스마트폰의 창시자, 스티브 잡스의 사례를 살펴보려 합니다. 그는 천재였고 혁신가였습니다. 하지만 그러한 스티브 잡스도 지금의 명성을 얻고 위대한 결과물을 만드는 데 조력자가 필요했습니다. 그의 대표적인 조력자는 조너선 아이브(Jonathan Ive)였습니다. 스티브 잡스가 스마트폰을 비롯하여 혁신적인 제품을 개발할 수 있었던 것은 산업 디자이너였던 조너선 아이브의 조력과 지원이 있었기 때문입니다. 실제로 아이브는 iPhone, iMac, iPod과 같은 제품 디자인을 주도했고, 스티브 잡스의 목표와 비전을 실현하는데 지대한 역할을 했습니다. 스티브 잡스는 생전에 아이브를 자신의 "영혼의 동반자"라고 부를 정도로 그의 영향력을 인정한 바 있습니다.

세종대왕과 집현전 학자들의 사례도 있습니다. 세종대왕은 한글을 창제하고, 과학·예술·정치 등 다양한 분야에

세종대왕
(1397~1450)
◇ 우리 역사상 가장 존경받는 왕
◇ 한글(훈민정음) 창제
◇ 정치, 경제, 과학, 문화 등 다양한 분야에서 뛰어난 업적을 남겨 조선의 황금기를 이끈 지도자
◇ 집현전 확대, 향약집성방 편찬, 4군 6진 개척을 통한 국방 강화, 측우기 및 혼천의 개발 등 다방면의 업적을 남긴 왕

서 혁신을 이룬 조선시대 최고의 성군이었습니다. 백성에 대한 사랑이 특별했던 세종대왕조차도 그를 지원하는 조력자들이 없었다면 그러한 많은 성취를 얻지 못했을 것입니다. 아무리 좋은 비전과 뚜렷한 목표의식이 있는 사람이라도 혼자서 이룰 수 있는 성취와 결과물은 한계가 존재합니다. 세종대왕께는 집현전 학자들이 있었습니다. 당시 집현전은 학문을 연구하고 국가 정책을 자문하는 기관으로, 정인지, 신숙주, 성삼문 등 많은 우수 인재들이 있었고, 세종대왕의 비전을 실현하는 것을 지원했습니다. 특히 한글 창제 과정에서 이들은 세종대왕과 함께 연구하고 토론하며, 한글이 완성되는 데 중요한 역할을 했습니다.

  아무리 훌륭한 성품과 비전을 가지고 있는 사람이라고 해도 그의 주변에 이상을 함께 실현할 조력자와 팔로워가 없다면 허상으로만 남을 수 있습니다. 그릇의 크기가 크고 품질이 아무리 뛰어나다고 해도 그릇을 빛나게 하고 빈틈을 완전히 메우기 위해 외부의 유약이 필요한 것처럼 한 인간에게도 인간 완성을 위해서는 유약 같은 조력자가 반드시 필요합니다. 우리는 그러한 조력자를 찾고 선별할 수 있는 눈(능력)이 필요하며, 만약 그러한 조력자를 찾았다면 그와의 견고한 관계가 지속될 수 있도록 긍정적 상호작용을 이어 가야만 합니다.

감동을 선사하는 말 그릇을 갖추다

　말에는 많은 정보와 말하는 이의 가치와 의지가 담겨 있습니다. 말 그릇이 사람 그릇을 대변한다고 해도 과언이 아닙니다. 한 사람의 됨됨이를 파악하는 데 말보다 더 정확하고 신속한 수단은 없습니다. 물론 말만 번지르르하게 하는 사람은 잠시 호감은 얻을 수 있지만 금세 그 진의와 깊이가 들통나게 됩니다. 그래서 동서고금을 막론하고 말의 중요성에 대한 격언이 넘쳐 나는 듯합니다. "말 한마디에 천 냥 빚도 갚는다.", "가는 말이 고와야 오는 말이 곱다.", "혀는 뼈가 없으나 사람을 죽이기도 한다.", "친절한 말은 짧고 말하기 쉬울 수 있지만, 그 울림은 끝이 없다.", "말하기 전에 생각하라." 등.

　우리는 살아가면서 보통 말이라는 수단을 통해 자신의 생각과 감정을 전달합니다. 그러나 같은 말이라도 어떤 이는 사람의 마음을 움직이고, 어떤 이는 아무런 울림을 주지 못하기도 합니다. 이는 말 그릇의 차이에서 비롯됩니다. 말 그릇은 단순히 언어적 표현 능력을 넘어서, 사람의 내면 깊이와 진심이 담긴 소통 능력을 의미합니다. 저는 가장 크고 세련된 말 그릇을 가진 사람으로 버락 오바마 전 대통령을 꼽고 싶습니다. 오바마 전 대통령의 연설은 그 자체로 하나의 예술 작품이라 평가받습니다. 그의 스피치는 단순히 유창한 언변이나 화려한 문구로 이루어진 것이 아니라, 청중의 마음을 끌어당기고 공감을 이끌어 내는 힘이 있었습니다. 그가 보여 준 말 그릇의 특징을 세 가지로 나눠 살펴보려 합니다.

첫째, 오바마 대통령의 연설에는 항상 공감의 언어가 담겨 있었습니다. 그는 청중의 입장에서 생각하고, 그들의 아픔과 기쁨을 함께 느끼는 태도를 보였습니다. 이를 통해 그는 단순히 리더가 아닌, 청중과 같은 사람으로서의 신뢰를 얻을 수 있었습니다. 그의 취임 연설 중 한 구절은 이를 잘 보여줍니다.

"이것은 지금까지 본 적 없는 수많은 사람들이 학교와 교회 주변에 줄을 서며 기다렸던 이유입니다. 그들은 3시간, 4시간씩 기다렸고, 대부분 평생 처음으로 투표에 참여했습니다. 왜냐하면 이번에는 반드시 달라야 한다고 믿었기 때문입니다. 그들의 목소리가 변화가 될 수 있다고 믿었기 때문입니다."

이와 같은 공감의 언어는 말 그릇을 더 깊고 넓게 만드는 핵심 요소라 할 수 있습니다.

둘째, 그는 단순히 정보를 나열하거나 지시를 내리는 대신, 이야기를 통해 메시지를 전달하는 데 능숙했습니다. 이야기는 청중이 내용을 더 쉽게 이해하고 기억할 수 있게 하며, 감정을 자극하는 강력한 도구입니다. 예를 들어, 그는 연설에서 자신의 개인적인 경험과 사람들의 이야기를 자주 언급했습니다. 2004년 민주당 전당대회에서 그는 자신의 뿌리를 다음과 같이 이야기했습니다.

"제가 여기 서 있는 이유는 저의 이야기가 더 큰 미국의 이야기의 일부라는 것을 알고 있기 때문입니다. 저는 저보다 앞서 온 모든 이들에게 빚을 졌으며, 지구상의 어떤 다른 나라에서도 저의 이야기가 가능하지 않았을 것입니다."

이러한 이야기를 통해 그는 자신의 메시지를 청중의 삶에 자연스럽게 녹아들게 만들었으며, 단순한 연설을 넘어서 사람들의 마음에 닿는 이야기가 될 수 있었습니다.

셋째, 오바마 대통령의 말 그릇에서 빠질 수 없는 요소는 희망과 비전입니다. 그의 연설에는 항상 현재의 어려움을 직시하면서도, 그것을 극복할 수 있는 미래의 가능성을 제시하는 메시지가 담겨 있었습니다. 그는 2008년 아이오와 코커스 승리 연설에서 이렇게 말했습니다.

"희망은 맹목적인 낙관이 아닙니다. 이는 앞으로의 과업의 엄청난 크기나 우리 앞에 놓인 장애물을 무시하는 것이 아닙니다. 이는 관망하

거나 싸움을 피하는 것이 아닙니다. 희망은 모든 증거가 반대할지라도, 더 나은 것이 우리를 기다리고 있다고 주장하는 마음속 깊은 무엇인가입니다. 우리가 그것을 위해 손을 뻗고, 그것을 위해 일하고, 그것을 위해 싸울 용기가 있다면 말입니다."

이러한 메시지는 청중에게 단순히 위로를 넘어, 함께 나아갈 방향과 목표를 제시했습니다. 이는 그의 말이 단순한 위안의 수준을 넘어, 행동을 촉구하는 동기 부여로 이어지게 만들었습니다.

이처럼 오바마 전 대통령의 대중 스피치는 그의 말 그릇이 얼마나 깊고 단단한지를 보여 주는 대표적인 사례입니다. 우리는 그가 보여 준 말 그릇의 특징들을 배우고, 이를 우리의 삶에 적용할 수 있습니다. 말을 통해 타인에게 공감하고, 이야기를 통해 메시지를 전달하며, 희망과 비전을 제시하는 태도는 우리의 말 그릇을 더 풍요롭게 만들 수 있습니다.

말 그릇은 단순히 말하는 능력만이 아니라, 진심과 공감을 담아내는 그릇입니다. 타인을 공감하지 못하고 진심이 빠진 말은 결코 타인에게 감동을 줄 수 없으며, 어떠한 변화도 이끌어낼 수 없다는 것을 명심해야 합니다.

그릇 형성에 부정적인 요소들

- 피해의식과 열등감, 자만과 오만, 내로남불,
자기중심적이고 계산적인 태도, 편견 -

피해의식과 열등감

사람의 그릇은 심리적 요소가 상당히 반영됩니다. 한 사람의 심리는 타고난 것도 있으나 과거의 경험들이 누적된 결과물이기도 합니다. 천성에 관한 부분은 논외로 하고 경험적인 부분으로 인한 심리 그릇을 살펴보고자 합니다. 그릇 형성에 있어서 가장 부정적인 영향을 주는 심리는 "열등감"입니다. 아주 낮은 수준의 열등감이라면 자신을 발전시키고 더 나은 방향으로 나아가는 원동력으로 작용할 수도 있습니다. 하지만 대부분의 열등감은 부정적인 방향으로 이어집니다. 열등감의 원인은 다양합니다. 경제적 환경, 가족구성 및 관계, 학벌, 성적, 출신 등. 사람은 보통 이러한 심리적 결핍을 다른 형태로 채우려고 합니다.

피해의식과 열등감으로 인해 성공한 인물의 반열에 오르지 못한 안타까운 사람으로 니콜라 테슬라(Nikola Tesla)라는 유능한 발명가가 있었습니다. 그는 역사상 가장 위대한 발명가 중 한 명으로, 그의 업적은 현대 전기 시스템에 큰 기여를 했습니다. 그러나 테슬라는 그의 삶에서 심각한 열등감과 외로움에 시달렸으며, 이러한 감정은 그의 성공을 방해하는 주요 요인 중 하나로 작용했습니다. 테슬라와 에디슨의 경쟁은 매우 유명한데, 이를 흔히 '전류 전쟁(War of Currents)'이라고 부릅니다. 에디슨은 직류(DC)를 옹호한 반면, 테슬라는 교류(AC)를 개발하여 이를 추진했습니다. 이 경쟁 과정에서 테슬라는 에디슨과 비교되며 열등감을 느꼈다고 합니다. 테슬라는 처음 에디슨의 회사에서 일했으나, 에디슨은 그를 제대로 인정하지 않았고, 약속했던 보너스도 지급하지 않았습니다. 이는 테슬라에게 큰 배신감을 안겨 주었고, 에디슨과의 불화는 그에게 심리적 타격을 입혔습니다. 에디슨은 이미 많은 발명을 통해 유명세를 얻고 있었고, 테슬라는 자신의 재능이 에디슨에 비해 과소평가된다는 생각에 사로잡혔습니다. 이러한 감정은 테슬라에게 열등감으로 작용하여 그를 더욱 고립되게 만들었습니다.

테슬라는 기술적으로는 뛰어났지만, 사업 감각은 부족했습니다. 그는 많은 발명품과 아이디어를 개발했지만 이를 상업적으로 성공시키지 못했습니다. 특히, 에디슨이나 그 이후의 경쟁자들이 상업적 성공을 이룰 때, 테슬라는 자신이 상업적 경쟁에서 뒤처지고 있다는 열등감을 더 강하게 느꼈다고 합니다. 테슬라는 사업적 감각이 뛰어난 사람들과 협력해야 할 필요가 있었으나, 자신만의 독창적인 방식에 집착하며 중요한 기회들을 놓치곤 했습니다. 또한, 테슬라는 자신의 과학적 성취가 제대로 인정받지 못한다고 생각하며 깊은 고독과 좌절감을 느꼈다고 합니다. 그는 이러한 열등감에서 벗어나기 위해 독창적이고 급진적인 아이디어에 몰두했으나, 그로 인해 오히려 주변 사람들과의 관계가 더 소원해졌고, 경제적 어려움도 가중됐습니다. 그의 재정적 어려움은 결국 그를 빈곤한 삶으로 이끌었고, 이는 그의 열등감을 더욱 심화시켰습니다.

테슬라는 평생 동안 외로움과 고립감을 느꼈다고 합니다. 그는 자신이 다른 발명가들보다 더 위대하고 독창적이라는 자부심을 가지고 있었지만, 그만큼 자신이 사회적으로나 경제적으로 인정받지 못한다는 사실에 깊은 열등감을 느꼈습니다. 특히 그는 말년으로 갈수록 고립된 생활을 했고, 강박증과 정신적 불안으로 어려움을 겪었습니다. 이는 그가 대중 앞에 서는 것을 피하게 만들었고, 스스로를 더 깊은 열등감과 외로움 속으로 빠뜨렸습니다.

테슬라는 현대 전기 시스템의 기반을 다진 위대한 인물임에도 불구하고, 토머스 에디슨이나 다른 발명가들에 비해 대중적인 성공을 거두지 못했습니다. 이는 그가 비즈니스 감각이 부족하고, 타인과의 협업에서 어려움을 겪었기 때문이기도 하지만, 동시에 그의 열등감이 자존감에 타격을 입히고 도전을 피하게 만드는 요인으로 작용했기 때문입니다. 테슬라는 그의 생애 동안 수많은 발명과 아이디어를 세상에 내놓았지만, 그의 열등감과 심리적 고립은 그가 더욱 크게 성공하는 것을 방해했습니다. 결국 그는 1943년에 외롭게 세상을 떠났고, 죽은 후에야 그의 업적이 제대로 평가받기 시작했습니다.

니콜라 테슬라의 이야기는 천재적인 재능을 가졌음에도 불구하고, 내면의 열등감과 불안, 피해의식이 한 개인의 성공에 얼마나 큰 방해가 될 수 있는지를 보여 주는 대표적인 사례입니다.

우리나라의 역사에서도 한 개인의 열등감에서 비롯된 역사적 오점 사례들을 찾아볼 수 있습니다. 그 중 조선의 제10대 왕인 연산군에 대한 이야기를 해보려 합니다. 그는 한국사에서 대표적인 폭군으로 평가받는 인물 중 하나입니다. 그의 폭정은 단순히 권력 남용의 결과로 볼 수 없으며, 어린 시절부터 형성된 열등감과 심리적 결핍에서 비롯된 측면이 강합니다. 연산군의 사례는 열등감이 한 개인의 성격과 행동을 왜곡시켜, 더 큰 그릇을 형성하지 못하고 파괴적 결과를 초래할 수 있음을 보여 줍니다.

연산군의 열등감은 어머니 폐비 윤씨의 비극적인 죽음에서 시작됐습니다. 그의 어머니는 성종의 왕비로 책봉되었으나, 질투와 분노를 억제하지 못한 탓에 성종과 조정 대신들의 신뢰를 잃고 폐위됐습니다. 이후 그녀는 독살당했으며, 어린 연산군은 이 충격적인 사건을 직접적으로 목격하지 않았더라도, 그의 삶에 깊은 트라우마로 남았습니다. 이는 그가 성장하며 자신을 둘러싼 세계를 불신하게 만들었고, 왕위에 오른 후에도 그 트라우마와 열등감이 그의 행동에 영향을 미쳤습니다.

즉위 초기, 연산군은 비교적 안정적으로 국정을 운영하며 조정을 관리했습니다. 그러나 시간이 흐르며 그의 열등감은 점차 폭력적이고 파괴적인 형태로 드러났습니다. 그는 자신의 어머니를 죽음으로 몰고 간 사건을 알게 된 후, 이를 억누르지 못하고 복수심에 불타올랐습니다. 연산군은 폐비 윤씨의 죽음에 연루된 자들을 색출해 처형하는 '갑자사화'를 일으켰으며, 이를 계기로 조정은 극도의 공포와 혼란에 휩싸였습니다. 그는 개인적 열등감과 분노를 억누르는 대신, 복수와 억압이라는 형태로 이를 표출했습니다.

연산군의 폭정은 여기에서 그치지 않았습니다. 그는 자신을 비판하거나 반대하는 모든 이들을 적으로 간주하고 잔인하게 처벌했습니다. 이 과정에서 수많은 대신과 학자들이 희생됐으며, 조선의 사대부 문화와 유교적 이상은 심각한 위기를 맞았습니다. 특히 연산군은 자신이 왕으로서 존경받지 못하고 있다는 열등감을 과도한 사치와 방탕한 생활로 덮으려 했습니다. 그는 국고를 낭비하며 자신과 측근들의 쾌락을 채우는 데 몰두했고, 백성들의 삶은 더욱 피폐해졌습니다.

연산군의 폭정은 그의 열등감과 트라우마가 제대로 치유되지 못한 결과였습니다. 그는 자신의 심리적 결핍을 극복하기 위해 스스로 성찰하거나 타인의 도움을 받아 성장하기보다는, 폭력과 억압으로 문제를 해결하려 했습니다. 이는 결국 그의 몰락을 초래했습니다. 연산군은 즉위한 지 12년 만에 중종반정을 통해 폐위됐고, 우리 역사에서 폭군으로 가장 많이 회자되는 인물로 평가받고 있습니다.

연산군의 사례는 열등감이 인간의 판단과 행동에 얼마나 부정적인 영향을 미칠 수 있는지를 여실히 보여 줍니다. 열등감은 인간이 성장하고 그릇을 형성하는 데 큰 장애물이 될 수 있습니다. 이를 극복하기 위해서는 자신을 있는 그대로 받아들이고, 내면의 상처를 치유하며 타인과 소통하려는 노력이 필요합니다. 연산군이 자신의 내적 결핍을 극복했다면, 그는 더 큰 왕으로서 역사에 기록될 수 있었을 것입니다.

자만과 오만

자만함(오만함)은 자신에 대한 과도한 자신감이나 과신으로 인해 실패를 초래하는 대표적인 원인 중 하나입니다. 과거부터 오늘날까지 자만으로 인해 실패에 이른 사례는 다양하게 찾아볼 수 있습니다. 이 중 몇 가지 대표적인 이야기를 소개합니다.

〈타이타닉〉 영화로 더 유명해진 타이타닉호 침몰 사건(1912년)과 관련된 사례입니다. 타이타닉호는 당시 세계에서 가장 크고 호화로운 여객선이었으며, "절대 침몰하지 않는 배"라는 수식어로 유명했습니다. 그러나 이 과도한 자신감과 자만심으로 인해 타이타닉호의 침몰로 이어지게 됐습니다. 당시 자만의 요소로는 안전장치의 부족, 과속 항해, 빙산 경고의 무시를 들 수 있습니다. 타이타닉호는 절대 침몰하지 않는다고 자신했기 때문에 구명보트 수를 충분히 준비하지 않았습니다. 승객 2,224명 중 약 1,500명이 이 사고로 목숨을 잃었습니다. 그 이유 중 하나는 구명보트가 전체 승객을 수용할 수 없었기 때문입니다.

또한 타이타닉호는 당시의 기술로도 충분히 빠른 속도로 항해할 수 있었으나, 선박의 성능에 대한 과도한 자신감으로 인해 더 빠른 속도를 유지했습니다. 이는 빙산을 발견했을 때 제때 피할 수 없게 만들었습니다.

그리고 타이타닉호는 항로 근처에 빙산이 있다는 경고를 받았음에도 불구하고 이를 무시하고 계속해서 항해했다고 합니다. 이는 선박이 불침선이라고 믿은 선장과 선원들의 자만에서 비롯됐습니다.

타이타닉호의 침몰은 자만함이 얼마나 큰 재앙을 초래할 수 있는지를 단적으로 보여 줍니다. 안전을 무시하고 과도한 자신감에 빠진 결과, 대규모 인명 손실과 역사적 재앙을 낳게 됐습니다. 이는 자만이 준비와 경계를 허술하게 만들고, 결국 예상치 못한 실패를 초래한 대표적인 사례입니다. 타이타닉호 침몰 사건은 세월호 침몰 사건과 노란 리본을 떠올리게 합니다. 자만과 오만, 그로부터 파생된 안전불감증으로 인한 희생이 더 이상 발생하지 않아야 할 것입니다.

자만으로 인한 역사적 실패의 또 다른 사례로 나폴레옹의 러시아 원정(1812년)이 있습니다. 나폴레옹 보나파르트는 프랑스 혁명 이후 유럽에서 가장 강력한 군사 지도자로 떠올랐습니다. 그의 정복 활동은 매우 성공적이었으나, 그의 자만이 결국 그의 몰락을 가져왔습니다. 나폴레옹은 1812년

나폴레옹
(1769~1821)

◇ 프랑스 혁명 시기의 전쟁승리로 국민적 영웅이 되었고 쿠데타를 통해 프랑스 제1제국 황제에 즉위

◇ 프랑스 제국 수립 및 유럽정복, 나폴레옹 법전 제정, 교육제도 개혁, 중앙집권적 행정 개혁 등 다양한 업적 남김

◇ 러시아 원정(1812) 실패 후 파리 함락과 유배

◇ 명언: "내 사전에 불가능은 없다.", "위대한 사람들은 목표를, 평범한 사람들은 욕망을 따른다."

에 러시아를 침공했으나, 이 결정은 역사적으로 가장 큰 실수 중 하나로 평가됩니다.

그는 러시아의 힘을 과소평가했고, 보급 문제를 무시했으며, 기후의 위험성을 경시했습니다. 나폴레옹은 러시아가 프랑스군에 비해 약하고, 빠르게 승리할 수 있을 것이라고 자만했습니다. 그러나 러시아군은 전면전을 피하고 후퇴하면서 프랑스군을 소모시키고, 러시아의 겨울을 이용해 나폴레옹의 군대를 고사시키는 전략을 사용했습니다.

또한 나폴레옹은 러시아의 넓은 영토와 가혹한 기후에서 군대의 보급이 어렵다는 사실을 간과했습니다. 결국 프랑스군은 심각한 식량과 물자의 부족에 시달렸고, 이로 인해 사상자가 급증했습니다.

그리고 나폴레옹은 러시아의 혹독한 겨울을 과소평가했습니다. 러시아의 극한 추위는 프랑스군을 크게 약화시켰고, 병사들은 동사하거나 질병으로 목숨을 잃었습니다.

이러한 자만과 오판으로 나폴레옹은 러시아 원정에서 대패를 당했고, 그의 60만 명 이상의 병력 중 대부분이 사망하거나 포로로 잡혔습니다. 이 실패는 나폴레옹의 제국이 약해지는 주요 원인 중 하나였으며, 결국 나폴레옹은 1814년에 퇴위하고 엘바 섬으로 유배됐습니다. 자만으로 인해 그는 자신의 힘과 상대방의 상황을 잘못 판단했고, 이는 그의 몰락으로 이어졌습니다.

현대의 사례로는 디지털 카메라 혁명을 무시하여 몰락하게 된 코닥(KODAK)의 사례가 있습니다. 코닥은 20세기 중반부터 필름 카메라 시장을 지배한 회사로, 필름 카메라와 필름 생산에서 막대한 성공을 거두었습니다. 하지만 디지털 카메라의 등장과 관련된 변화에 대한 자만이 결국 코닥의 몰락을 불러왔습니다.

코닥이 몰락하게 된 이유는 기술변화에 대해 무시했고, 시장 변화에 대해 과소평가했다는 데 있습니다. 코닥은 1975년에 디지털 카메라의 원형을 개발했음에도 불구하고, 기존 필름 비즈니스에 대한 지나친 자신감으로 이 혁신적인 기술을 적극적으로 발전시키지 않았습니다. 디지털 카메라가 코닥의 필름 사업에 위협이 될 것이라고 생각했기 때문에, 디지털 카메라 시장에 적절하게 대응하지 않았습니다.

그리고 소비자들이 점점 디지털 카메라로 전환하고 있었음에도 불구하고, 코닥은 자신의 기존 필름 시장이 계속 유지될 것이라고 믿고 있었습니다. 이는 코닥이 시장의 변화에 적응하지 못하게 만든 주요 원인이었습니다.

결국 코닥은 디지털 카메라 시장에서 뒤처지게 되었고, 2012년에 파산을 신청했습니다. 코닥의 자만은 기술 변화와 시장의 요구에 대응하지 못하게 했고, 이는 스스로 자멸하는 결과를 초래했습니다.

앞서 살펴본 3개의 사례를 통해 자만함이 실패로 연결되는 이유를 다음과 같이 요약하면 좋을 것 같습니다.

'경계심 부족, 변화에 대한 저항, 과소평가'

자만한 사람은 자신의 능력을 과신하여 실수나 위협을 과소평가하고, 필요한 준비와 계획을 소홀히 하게 됩니다. 또한 자만함은 기존 성공에 대한 과도한 의존을 만들어 내고, 새로운 환경이나 기술에 적응하지 못하게 만듭니다. 코닥의 경우처럼 변화하는 시장에 대응하지 않으면 결국 도태됩니다. 그리고 상대나 외부 요인을 과소평가하면, 예상치 못한 도전이나 장애에 효과적으로 대처할 수 없게 됩니다. 나폴레옹의 러시아 원정처럼, 상황을 잘못 판단하면 큰 대가를 치르게 됩니다. 자만은 성공에 있어서, 그리고 크고 단단한 그릇을 만드는 데 있어서 가장 큰 걸림돌 중 하나이며 이를 경계하지 않으면 언제든지 회복 불가능한 실패에 직면하게 될 것입니다.

내로남불

내로남불은 '내가 하면 로맨스, 남이 하면 불륜'의 줄임말로, 자신에게는 관대하지만 타인에게는 엄격한 이중잣대를 적용하는 행동을 의미합니다. 남녀 간의 로맨스에서 시작된 표현이지만, 오늘날 정치권을 포함한 다양한 상황에서 흔히 사용되는 표현입니다. 내로남불의 대표적인 사례와 그것이 어떻게 성공과 그릇형성에 방해가 되는지 살펴보려 합니다.

정치인들이 내로남불의 대표적인 사례로 자주 언급됩니다. 많은 정치인들이 공정과 정의를 외치며 자신을 청렴한 인물로 포장하지만, 실제로는 자신에게 유리한 특혜나 부패에 연루되기도 합니다. 이중잣대가 명백히 드러나는 대표적인 예로는 부동산 투기 문제가 있습니다. 어떤 정치인이 부동산 투기를 규탄하며 강력한 처벌을 주장했지만, 자신이 미공개 정보를 이용해 부동산 투기를 했다는 사실이 밝혀진 사건이 있었습니다. 이 경우, 정치인은 자신이 주장한 도덕적 기준을 스스로 어겼으며, 이로 인해 사회적 큰 비판에 직면해야 했습니다. 결과적으로 그는 공직에서 물러난 후 재선에 실패했고, 신뢰를 상실하게 되었습니다.

이러한 내로남불 행태는 자신의 행동에 대한 책임을 회피하면서 타인에게만 엄격한 잣대를 적용하는 이중성을 보여 주며, 결국 그 개인의 성공적인 정치 경력에 심각한 타격을 입혔습니다.

내로남불의 행태는 기업 현장에서도 쉽게 찾아볼 수 있습니다. 많은 기업에서 리더들이 직원들에게는 엄격한 규칙을 강요하면서도 자신은 그 규칙을 지키지 않는 경우가 있습니다. 이는 직원들의 사기를 저하시킬 뿐만 아니라, 조직의 신뢰와 효율성을 떨어뜨리는 결과를 초래합니다. 대표적인 사례로 엔론(Enron) 스캔들이 있습니다. 미국의 대표적인 에너지 회사였던 엔론(Enron)은 기업 부패와 경영진의 비윤리적인 행위로 인해 파산한 사례입니다. 엔론의 경영진은 직원들에게는 회사 규정을 엄격히 적용하면서도, 자신들은 회사의 재무 상황을 조작하고, 내부 정보를 통해 개인적 이익을 챙겼습니다. 결국 이러한 내로남불적인 행동이 드러나면서 엔론은 파산하게 되었고, 회사 경영진들은 법적 처벌을 받았습니다. 회사의 몰락은 경영진의 이중잣대가 회사 전체의 신뢰와 조직 문화에 악영향을 미친 결과였습니다. 경영진 일부의 내로남불이 본인의 법적 처벌뿐만 아니라 회사 전체를 파산위기에 몰고 구성원 전체를 실직자로 내몰게 된 끔찍한 사건이었습니다.

내로남불이 성공과 그릇 형성에 방해가 되는 이유는 간단합니다. 첫째, 신뢰를 상실하게 됩니다. 내로남불은 개인의 도덕성과 일관성을 무너뜨리며, 결국 타인과의 신뢰 관계를 깨뜨립니다. 신뢰는 성공의 필수적인 요소인데, 내로남불적인 행동은 동료, 고객, 대중의 지지를 잃게 만듭니다.

둘째, 리더십에 타격을 입습니다. 리더가 내로남불적 태도를 보이면, 조직 내에서 권위가 약해지고, 리더십의 정당성이 떨어집니다. 이는 조직 내 팀워크와 효율성을 저해하며, 궁극적으로 조직의 성과에 악영향을 미칩니다.

셋째, 장기적으로 개인과 조직에 손해로 귀결됩니다. 내로남불은 단기적으로는 이익을 가져올 수 있지만, 장기적으로는 개인과 조직 모두에게 큰 손해를 초래합니다. 내로남불적 태도는 악(惡)의 내용물을 잠시 그럴싸하게 포장할 수 있지만, 결국 진실이 밝혀졌을 때 그 대가는 훨씬 치명적입니다. 따라서 내로남불적인 태도는 단순히 도덕적 실패를 넘어, 개인과 조직의 성공을 근본적으로 저해하는 중요한 장애 요소라 할 수 있습니다.

자기중심적이고 계산적인 태도

계산적인 것과 계획적인 것은 한 끗 차이이고 간발의 차이입니다. 계산적인 태도와 계획적인 태도는 모두 신중하고 목표 지향적인 행동을 의미합니다. 계산적이든 계획적이든, 행동의 결과가 어떻게 나타날지를 미리 예측하고 그에 따른 결정을 내립니다. 이는 현재의 상황을 넘어서 미래의 이익이나 성과를 고려하는 태도입니다. 두 태도 모두 불필요한 낭비를 피하고, 최대한 효율적으로 목표를 달성하려는 성향이 강합니다. 자원을 효율적으로 사용하고, 가능한 최상의 결과를 얻으려는 점에서 유사합니다.

하지만 두 태도는 동기와 결과에 대한 초점면에서 상당한 차이가 존재합니다. 계산적인 태도는 자기 이익을 극대화하는 데 초점이 맞춰져 있습니다. 다른 사람의 감정이나 상황은 고려하지 않고, 오로지 자신의 이익을 위한 계산적 행동을 취합니다. 계산적인 사람은 상황이나 사람을 자신의 이익에 맞춰 판단하고, 필요하면 쉽게 버릴 수 있습니다. 반면, 계획적인 태도는 장기적인 목표나 큰 그림을 가지고 전략적으로 행동하는 태도입니다. 자신의 이익을 고려하긴 하지만, 반드시 즉각적이고 개인적인 이익만을 추구하지 않습니다. 이 태도는 신뢰, 관계, 성장을 중시하면서도 목표 달성을 위해 체계적으로 행동합니다. 그리고 계획적인 태도는 신뢰와 협력에 기초합니다. 사람들과의 관계를 전략적으로 고려하며, 단순히 이익을 취하는 것이 아니라 관계를 장기적으로 유지하고 성장시키는 방향으로 행동합니다.

계산적인 태도는 단기적인 결과에 더 집중하는 경우가 많습니다. 빠르고 직접적인 이익을 취하려는 경향이 있으며, 때로는 결과가 나오지 않으면 금방 포기하거나 다른 방법을 찾습니다. 계획적인 태도는 장기적인 성과와 지속 가능한 성공을 목표로 합니다. 즉, 단기적인 손해나 실패에도 불구하고 큰 목표를 향해 계속 나아가는 인내심이 강하다고 할 수 있습니다.

계산적인 것과 계획적인 것의 차이를 느끼지 못한다면 '나는 계산적인 사람이 아닌가?' 하고 스스로 의심해 볼 필요가 있습니다. 결론부터 말하자면 크고 품질 좋은 그릇이 되기 위해서는 계획적이되 계산적이면 안 됩니다. 자기중심적이고 계산적인 사람이 어떠한 결과까지 만들 수 있는지, 미꾸라지 한 마리가 온 웅덩이를 어떻게 흐리게 할 수 있는지를 대한민국 현실정치에서도 목도한 바 있습니다. 최순실 국정농단에 따른 대한민국 헌정사상 첫 대통령 탄핵사건이 그것입니다. 그 사건이 발생한지 채 10년이 지나지 않았으나 벌써 많은 국민들의 기억에서 흐릿해져 가고 있습니다. 저는 당시의 충격적인 장면들이 잊혀지지 않습니다. 한 국가의 최고지도자, 현직 대통령이 권력의 정점에 있다가 어느 날 갑자기 죄수라는 나락으로 빠지게 되는, 전 세계적으로도 유례를 찾기 어려운 사건이었습니다. 해당 사건의 발단은 현직 대통령이라는 최고 권력자의 힘을 빌려 자기중심적이고 계산적인 태도로 일관한 최순실이 있었기 때문입니다. 자기중심적이고 계산적인 태도를 가진 사람과 그 사람을 곁에 둔 권력자의 말로가 어떠한지 극명하게 알 수 있는 사례입니다.

당시 사건을 재조명함으로써 반면교사를 삼고자 합니다. 이 사건은 당시 한국 사회에 아주 큰 충격을 주었으며, 당시 현직 대통령이었던 박근혜가 탄핵당하는 결과를 초래한 정치적 스캔들입니다. 이 사건은 공적인 자리에서 개인의 이익을 우선시하고, 부정한 방법으로 권력을 행사하려는 계산적인 태도가 어떻게 큰 실패로 이어질 수 있는지를 잘 보여 줍니다. 최순실은 박근혜의 오랜 지인이자 측근이었습니다. 최순실은 공직자가 아니었음에도 불구하고, 박근혜 정부 시절 다양한 정부 정책과 사업에 관여한 것으로 드러났습니다. 그녀는 비선 실세로서 정부의 인사와 정책에 막대한 영향을 미쳤고, 특히 자신의 이익을 위해 여러 사업을 주도하거나 특정 기업들로부터 금전적 혜택을 받았다는 의혹이 제기되었습니다.

최순실은 박근혜 정부 시절 미르재단과 K스포츠재단이라는 두 재단을 설립해 대기업들로부터 거액의 기부금을 강요한 혐의를 받았습니다. 이는 국가나 국민의 이익보다는 자신의 사익을 추구하기 위한 계산적 행동이었으며, 결과적으로 정부와 대기업 간의 부정한 관계가 세상에 드러나게 됐습니다.

최순실은 공식적인 직책이 없었음에도 불구하고, 대통령과의 개인적 친분을 이용해 정부의 중요한 결정에 개입했습니다. 이를 통해 자신의 이익을 극대화하려는 계산적인 태도로 정책을 왜곡하고, 정부와 기업 간의 부정한 관계를 형성했습니다. 최순실은 국민의 이익이나 공공의 가치를 고려하지 않고, 자신의 이익을 최우선시했습니다. 최순실은 자신이 관리하는 재단을 통해 기업들로부터 금전적 지원을 받아내는 등 사적인 이익을 추구했습니다. 특히 그녀는 딸 정유라의 승마 훈련 비용을 대기 위해 대기업의 지원을 요구하는 등 공적인 자리를 사적으로 이용하는 행동을 일삼았습니다. 최순실과 그녀를 둘러싼 인물들은 이러한 부정한 활동을 숨기기 위해 사건이 불거진 후에도 여러 차례 거짓말을 하고, 관련 자료를 은폐하려 했습니다. 그러나 언론과 검찰 수사를 통해 점차 진실이 밝혀지면서, 그들의 은폐 시도는 결국 실패로 돌아갔습니다. 이와 같은 행동은 정치와 경제계의 불투명한 거래를 세상에 드러내며, 사회적 신뢰를 크게 무너뜨렸습니다. 대한민국 사회에서 권위주의 정권 종식 후 찾아온 최대의 정경 유착사건이기도 했습니다. 수많은 정부 관료와 재계 총수들이 죄수복을 입거나 그들이 고개 숙인 모습을 전 국민이 지켜봐야만 했습니다. 정치 선진화를 기대해 온 국민들은 정치세력과 경제세력의 끊이지 않는 유착관계를 또다시 재확인하면서 불편한 진실과 대면해야만 했습니다.

최순실 국정농단 사건은 결국 박근혜 대통령이 2016년 12월 9일 국회에서 탄핵소추 의결을 받게 만든 결정적 사건이 되었습니다. 2017년 3월 10일 헌법재판소는 박근혜 대통령의 탄핵을 인용했고, 이는 대한민국 역사상 첫 번째 대통령 탄핵 사건으로 기록되었습니다. 박근혜는 탄핵 이후 수감되었으며, 이로 인해 한국 정치는 격랑 속에 빠지게 되었고, 국론이 크게 분열되기도 했습니다. 최순실 사건은 정부와 대기업 간의 부정한 관계를 폭로하며, 한국 사회 전반에 대한 신뢰를 크게 떨어뜨렸습니다. 특히 삼성, 롯데, SK 등 대기업들이 최순실이 설립한 재단에 금전적 지원을 한 사실이 밝혀지면서, 이들 기업에 대한 국민들의 신뢰도도 큰 타격을 입었습니다. 최순실은 2017년에 구속 기소됐고, 이후 법정에서의 재판을 통해 유죄 판결을 받았습니다. 이와 함께 그녀와 연루된 다수의 정치인과 기업인들도 법적 처벌을 받았습니다.

최순실 국정농단 사건은 자기중심적이고 계산적인 태도가 결국 실패로 이어진 대표적인 사례로, 권력 남용과 부정한 이익 추구가 어떻게 법적 처벌과 사회적 불신을 초래할 수 있는지를 명확히 보여 줍니다. 이 사건을 통해 공직자와 기업가들은 윤리적이고 투명한 태도를 유지하는 것이 얼마나 중요한지 다시 한번 깨닫게 해줍니다. 국민은 부패와 불의를 참지 않으며, 정의를 요구하는 목소리가 사회 변화를 이끌 수 있음을 확인할 수 있었습니다.

장기적인 성장을 위해서는 사람들과의 신뢰가 매우 중요합니다. 계산적인 태도는 일시적인 이익을 취할 수 있지만, 장기적으로 신뢰를 잃으면 성공적인 대인관계를 맺기 어렵습니다. 계획적인 태도는 신뢰와 협력을 바탕으로 하기 때문에, 사람들과의 관계를 유지하면서도 지속적인 성장을 이룰 수 있습니다. 인생은 단기적인 성공만으로 이뤄지지 않습니다. 지속 가능한 성공과 만족은 계획적인 태도에서 비롯됩니다. 계획적인 사람은 현재의 이익에만 집중하지 않고, 긴 안목을 가지고 행동하기 때문에 변화하는 환경에서도 유연하게 대처할 수 있습니다. 계산적인 태도는 다른 사람에게 냉혹하게 보일 수 있고, 자신 또한 타인에게 이용당할 수 있다는 불안감을 느낄 수 있습니다. 반면, 계획적인 태도는 이익을 추구하면서도 관계와 도덕적 가치를 함께 고려하기 때문에, 균형 잡힌 삶을 유지할 수 있습니다. 계산적이기보다는 신뢰와 협력, 인간적인 관계를 소중히 여기는 삶의 태도가 중요합니다. 이성을 바탕으로 행동을 계획하되, 감정과 도덕적 가치를 무시하지 않고 조화롭게 살아갈 때, 개인적인 성공뿐만 아니라 사회적 신뢰와 존경을 동시에 얻을 수 있다고 확신합니다.

편견: 공정하지 못하고 한쪽으로 치우친 생각

우리는 흔한 일상에서든, 연설장이나 토론회에서든 "편견을 갖지 않도록 노력하겠다."라는 말을 자주 듣게 됩니다. 사람들이 자주 쓰는 표현이지만 정작 실상은 그렇지 못한 대표적인 말 중에 하나라고 생각합니다. 편견을 갖지 않도록 노력해야 한다는 것은 명확합니다. 한편, 어떠한 편견도 갖지 않고 살아가는 사람은 없다는 것 또한 자명합니다.

우리는 편견을 경계해야 한다는 것을 알면서도 늘 그 경계에 실패하는 이유가 무엇일까요? 사람은 본능적으로 편견을 가지기 쉬운 존재이기 때문입니다. 이는 단순히 개인의 문제가 아니라, 우리의 뇌가 세상을 이해하고 판단하는 방식에서 비롯된 심리적 기제와 진화적 배경 때문입니다. 이러한 편견은 우리가 복잡한 세상을 빠르게 이해하고 대처하는 데 도움을 주지만, 동시에 잘못된 판단과 갈등을 야기하기도 합니다.

먼저, 인간의 뇌는 제한된 자원을 효율적으로 사용하기 위해 정보를 단순화하고 범주화하려는 경향이 있습니다. 이를 인지적 경제성이라고 합니다. 우리는 매 순간 넘쳐 나는 정보를 처리해야 하기 때문에 복잡한 현상을 단순한 패턴으로 정리하려 애씁니다. 예를 들어, 특정 집단에 대한 제한된 경험이나 정보를 바탕으로 그 집단 전체를 판단하는 것은 이러한 인지적 경제성의 대표적인 사례입니다. 이는 우리의 사고를 빠르고 효율적으로 만들어 주지만, 고정관념과 편견을 형성하는 출발점이 되기도 합니다.

또한, 사람들은 고정관념을 통해 세상을 이해하려 합니다. 고정관념은 특정 집단이나 개인에 대해 형성된 고정된 믿음으로, 주로 주변 환경, 미디어, 교육 등을 통해 배우게 됩니다. 이 과정에서 형성된 고정관념은 새로운 정보를 받아들일 때 기준점으로 작용하며, 이를 통해 우리는 낯선 상황에서도 빠르게 결론에 도달할 수 있습니다. 하지만 이러한 단순화된 믿음은 종종 부정확하거나 왜곡된 결과를 초래합니다.

집단 심리 또한 편견 형성에 큰 영향을 미칩니다. 사람은 자신이 속한 집단, 즉 내집단에 대해 더 긍정적인 평가를 내리고, 외집단에 대해서는 부정적으로 판단하려는 경향이 있습니다. 이를 내집단 편향이라고 합니다. 이는 개인이 속한 집단의 정체성과 자존감을 보호하려는 심리적 메커니즘에서 비롯되며, "우리"와 "그들"이라는 구분이 뚜렷할수록 이러한 경향은 강화됩니다.

더불어, 인간은 자신이 믿고 있는 것을 확인하려는 성향을 가지고 있습니다. 이를 확증 편향이라 부르며, 이는 우리가 이미 가지고 있는 믿음이나 편견을 강화하는 데 기여합니다. 예를 들어, 특정 집단에 대해 부정적인 선입견을 가지고 있다면, 그 집단의 긍정적인 사례는 무시하고 부정적인 사례만 주목하게 됩니다. 이러한 선택적 정보 수용은 편견을 지속하고 강화하는 중요한 원인이 됩니다.

진화적 관점에서도 사람들의 편견을 설명할 수 있습니다. 과거 인류는 생존을 위해 낯선 것을 경계하는 본능을 발달시켰습니다. 이는 "우리"와 "그들"을 구분하고, 자신에게 위협이 될 가능성이 있는 집단을 경계하는 방식으로 작용했습니다. 이러한 본능적 반응은 현대 사회에서도 여전히 남아 있으며, 사회적 편견으로 나타나기도 합니다.

편견은 인간의 사고와 행동을 제한하는 강력한 감정적·인지적 장벽입니다. 이는 특정한 상황이나 사람을 객관적으로 이해하지 못하게 하고, 때로는 잘못된 판단으로 이어지기도 합니다. 이는 개인 차원의 큰 실패로 이어지기도 하고, 역사적으로 큰 재앙을 초래하기도 합니다. 대표적인 사례로 일본 관동대지진 조선인 학살과 나치의 유대인 학살을 소개하고자 합니다.

일본 관동대지진 조선인 학살

이 사건은 일제강점기 중 1923년에 발생한 사건으로, 당시에는 한반도 영토에 있던 우리 국민이든, 일본 열도로 건너간 우리 국민이든 일본으로부터 차별과 핍박, 수탈을 당하던 시기입니다.

1923년 9월 1일 관동대지진이 일본을 강타했을 때, 일본 전역은 혼란과 공포에 빠졌습니다. 이 와중에 "조선인이 우물에 독을 풀었다."는 허위 소문이 빠르게 퍼졌습니다. 이러한 소문은 일본 내 깊게 자리 잡은 민족적 편견과 결합하여 조선인을 향한 집단적 폭력으로 이어졌습니다. 일본 경찰과 군대는 이러한 소문을 바로잡는 대신 조선인을 색출하고 처벌하는 데 동조하거나 방관했습니다. 폭력은 일반 시민들에 의해 더욱 격화되어, 무고한 우리 국민이 무차별적으로 살해됐습니다. 남녀노소를 가리지 않았으며, 많은 이들이 억울하게 목숨을 잃었습니다. 당시의 희생자를 정확히 알 수 없으나 각종 역사 연구 자료에 따르면 6,000명에서 23,000명 사이로 추정됩니다. 이 사건은 편견이 잘못된 정보와 결합할 때 얼마나 위험해질 수 있는지 보여 주는 대표적인 사례로, 오늘날까지도 우리나라와 일본 사이의 민감한 역사적 문제로 남아 있습니다. 이처럼 편견은 변화와 가능성을 차단하고, 새로운 방향을 수용하지 못하게 만듭니다.

나치의 유대인 학살

나치 정권하에서 유대인은 경제적 어려움과 정치적 혼란의 주범으로 낙인찍혔습니다. 이러한 편견은 독일 전역에서 선전되고 교육을 통해 확대됐습니다. 나치는 유대인을 비인간화하며 "열등한 인종"으로 규정했고, 이를 정당화하여 조직적인 학살을 실행했습니다. 1939년부터 시작된 학살은 아우슈비츠, 트레블링카 등의 강제수용소에서 이루어졌습니다. 강제수용소에서는 고문, 강제 노동, 가스실 처형 등이 이루어져 약 600만 명의 유대인이 목숨을 잃었습니다. 이러한 편견의 결과는 단순히 유대인의 생명을 빼앗는 데 그치지 않았습니다. 인류 전체가 인권과 정의에 대해 다시금 질문하게 만든 잔혹한 비극이었습니다. 나치 정권의 이러한 행동은 편견이 개인과 사회에 얼마나 치명적인 영향을 미칠 수 있는지를 극명히 보여 줍니다.

오늘날 한국 사회에서 편견의 현주소는 어떨까요? 여전히 우리 사회에도 다양한 편견이 존재하며, 이는 종종 개인과 공동체의 성장에 걸림돌이 되고 있습니다.

역사적으로 이어져 온 성별에 따른 고정관념과 편견이 여전히 견고한 유리천장으로 남아 있습니다. "여성은 가정을 우선해야 한다."거나 "남성은 경제적 책임을 져야 한다."라는 생각이 여전히 많은 가정과 직장에서 존재합니다.

학벌에 대한 편견이 공고합니다. 특정 대학 출신이 아니면 능력을 인정받기 어렵다는 인식이 여전히 뿌리 깊습니다. 이는 개인의 잠재력을 제한하고, 사회적 다양성을 저해합니다.

직업에 대한 편견도 사회통합을 막는 장애물이 되고 있습니다. "3D 업종은 사회적으로 낮은 지위를 가진다."는 편견이 여전히 존재하며, 이는 해당 직업 종사자들에게 불필요한 열등감을 줄 수 있습니다.

이주배경 가정(다문화 가정)이 증가하고 있음에도 불구하고, 여전히 일부 사람들은 이주배경 청소년(다문화 가정 청소년)을 부정적으로 바라보는 경향이 있습니다. 이러한 편견은 이주배경 가정 자녀들에게 심리적 부담을 주고, 사회 통합을 방해하는 요인이 됩니다.

우리 사회에 만연한 이러한 편견들을 없애기 위해서는 개인적 노력과 사회적 변화가 동시에 이루어져야 합니다. 편견은 우리의 사고와 행동을 왜곡하며, 고정관념은 특정 집단이나 개인에 대한 부정확한 이미지를 강화합니다. 이를 해결하기 위해 개인과 사회가 함께 실천해야 합니다.

우선, 개인 차원의 노력은 자기 자신을 돌아보는 데에서 시작합니다. 우리 생각 속에 숨어 있는 편견과 고정관념을 인식하려는 태도가 필요합니다. "나는 왜 이런 생각을 할까?"라는 질문을 스스로에게 던지며, 내면화된 선입견을 깨닫는 것이 중요합니다. 또한, 다양한 사람들과 교류하며 다른 문화, 가치관, 삶의 방식을 경험할 기회를 늘리는 것도 필요합니다. 여행을 가거나 책을 읽고, 다큐멘터리를 시청하는 등 간접적으로 새로운 세계를 접하는 것도 편견을 줄이는 데 도움이 됩니다.

비판적 사고를 기르는 것 또한 중요한 개인적 노력입니다. 미디어나 주변 환경에서 주어진 정보를 그대로 받아들이기보다는 그 이면에 숨은 의도와 맥락을 분석하는 습관을 들여야 합니다. 특히, 특정 집단에 대한 부정적 이미지를 강화하는 표현이나 메시지를 비판적으로 바라보는 태도가 필요합니다. 더불어, 포용적인 언어를 사용하고, 특정 집단이나 개인을 일반화하거나 차별적으로 묘사하는 표현을 피하는 것도 실천할 수 있는 구체적인 방법입니다.

사회적 변화는 제도적이고 구조적인 개혁을 통해 이루어질 수 있습니다. 교육은 가장 강력한 변화의 도구입니다. 초등학교부터 다양성과 포용성을 주제로 한 교육을 체계적으로 도입하여, 아이들이 어릴 때부터 서로의 차이를 존중하고 이해하는 법을 배우도록 해야 합니다. 또한, 역사 속 차별과 평등 운동의 사례를 통해 편견의 문제점을 깨닫는 교육이 필요합니다. 이와 함께 미디어의 역할도 중요합니다. 미디어는 편견을 조장할 수도 있지만, 반대로 이를 해소하는 데기여할 수도 있습니다. 따라서 다양한 배경과 관점을 반영하는 콘텐츠를 제작하고 편견을 강화하는 표현을 규제해야 합니다.

정책과 법률의 개선도 필수적입니다. 차별과 혐오 발언을 금지하고 이를 강력히 처벌하는 법률을 마련하며, 고용, 교육, 의료 등 사회각 분야에서 평등을 보장하는 제도를 강화해야 합니다. 이와 함께, 차별받는 집단과 그렇지 않은 집단 간의 대화를 촉진하는 프로그램을 운영하여 서로의 관점을 이해하고 협력할 수 있는 장을 마련해야합니다.

사람의 인식을 바꾼다는 것은 매우 어려운 일입니다. 저는 40년 가까운 인생을 살면서 여러 문제를 직면해 왔고, 다양한 해결책들을 고민하고 시도해 왔습니다. 이를 통해 얻은 통찰 중 하나는 '어떠한 문제를 해결하는 여러 가지 방안 중 가장 어려운 것은 사람의 인식을 바꾸는 것, 즉 계몽이다.'입니다. 편견과 고정관념은 단기간에 사라지지 않겠지만, 개인의 인식 전환과 사회적 제도 개선이 함께 이루어진다면 점진적으로 극복할 수 있다고 생각합니다. 결코, 쉽지 않은 여정이라는 것을 잘 알고 있습니다. 중요한 것은 '나부터 실천하는 자세'와 함께, '공동체가 연대하여 변화'를 만들어 가는 것입니다. 이러한 노력들이 결실을 맺는다면, 우리 사회는 더 포용적이고 공정한 방향으로 나아갈 수 있을 것이라 확신합니다.

잘 만들어진 그릇을
관리하는 법
(소소한 실천)

고민하기 - 철학적 · 사회적 문제에 대해 사유하기

우리는 매일 고민과 선택의 순간을 직면하게 됩니다. 아침에 어떤 옷을 입고 나갈지, 점심은 무얼 먹을지, 오늘은 야근을 할지 말지, 학원에 갈지 말지, 운동을 잠깐이라도 할지 말지, 책을 읽을지 말지 등등. 매우 일상적이지만 하루에도 수많은 고민과 선택을 하게 됩니다. 그런 와중에 뉴스나 SNS를 통해 나 이외의 영역에서 발생한 문제들에 대해 접하게 되고 이를 진지하게 고민해 보는 이가 있는가 하면, 대수롭지 않게 지나가는 이도 있을 것이고, 또 어떤 이는 잠깐 고민을 하다가 '이런 고민을 해 봐야 바뀌는 건 없다.'는 회의주의로 빠져서 더 깊은 고민을 포기하기도 합니다. 철학적 논의나 사회 문제가 내 삶에 직접적인 영향을 주지 않을 수 있습니다. 나와는 상관없는 이야기라 여겨질 수도 있습니다. 하지만 이러한 거시적이고 다소 추상적인 영역도 내 삶에 간접적인 영향은 반드시 미치게 됩니다.

이 주제에 대해서 두 가지 관점에서 이야기해 보려 합니다. 첫 번째 관점은 사회적 문제나 철학적 논의가 내 삶에 미치는 영향에 관한 '대응적 관점'이고, 두 번째 관점은 이러한 문제점을 고민하는 것이 나의 성장에 기여한다는 '성장의 관점'입니다.

첫째, 사회적 문제나 철학적 논의가 내 삶에 미치는 영향에 관한 '대응적 관점'의 이야기입니다. 오늘날 대부분의 국가는 법치주의에 근간을 두고 운영되는데, 따라서 법은 해당 국민 모두의 삶의 양식에 영향을 미치는 울타리 역할을 하게 됩니다. 그 울타리가 왜 만들어졌으며 어디에 어떻게 쳐져 있는지를 아는 것은 매우 중요한 일입니다. 모든 울타리를 다 이해하고 세세하게 아는 것은 불가능에 가깝습니다. 다만, 그 윤곽을 이해하고 새로이 논의되는 울타리들에 대해 고민하고 대비하는 것은 필요합니다. 법이라는 울타리가 만들어지기까지 많은 철학적 논의, 사회적 문제의 해결방향 논의 등 다양한 의견들과 가치들이 출동하는 상황을 목도하게 됩니다. 다양한 논의가 이뤄지는 과정에서 제3의 안이 도출되기도 하고, 하나의 방향에서 발생할 수 있는 예상 문제점들이 도출되어 이를 보완하기도 합니다. 이러한 과정을 통해 더 완성도 높은 제도와 법이 제정됩니다. 공론화와 논의의 과정이 누락된 제도는 반드시 장기간의 시행착오를 겪어야만 합니다. 완성도가 떨어지는 법이나 제도는 이를 수정하고 바로 잡는 데 훨씬 많은 행정력을 필요로 하고 사회적 손실과 부작용을 야기합니다. '사공이 많으면 배가 산으로 간다.'는 말도 있지만, '백지장도 맞들면 낫다.'는 말도 있습니다. 다양한 사람이 논의에 참가하게 되면 의견충돌도 생기고 의사결정이 장기화될 수도 있습니다. 그래서 제도 마련의 적시성이 떨어질 수도 있습니다. 하지만 모든 국민에게 영향을 미치는 중대한 사안일수록 숙의 과정, 공론화의 과정은 반드시 필요합니다. 토론과 충분한 논의의 과정이 빠진 졸속행정은 오히려 제도적 발전의 정체나 후퇴로 귀결됩니다.

우리나라는 대의 민주주의를 채택하고 있습니다. 개별 정책에 대해서 국민 모두가 투표권을 행사하는 것이 아니라 각 단위의 대표자를 선출하여 그들에 의해 논의되고 의사결정하도록 위임하는 방식입니다. 대의 민주주의는 투표라는 의사결정에 투여되는 막대한 예산과 행정력, 결정의 지연, 의사결정 참여자의 전문성 확보 문제 등을 이유로 전 세계 거의 모든 국가들이 현실적으로 대의 민주주의 체제로 운영되고 있습니다. 그렇다면 정책 결정은 선출된 대표들의 영역이니 일반 시민들은 무관심해도 될까요? 절대 아닙니다. 우리가 선출한 대표라 하더라도 이들이 우리의 가치를 모두 대변할 수 없습니다. 각 단위 구성원들의 의견이 각자 다를 수 있으므로 이를 통일된 하나의 안으로 대변하지도 못할뿐더러 우리나라 정치는 정당정치가 이뤄지므로 정당의 이익, 당론 등을 이유로 단위 구성원의 의견이 제대로 반영되기 어려운 구조입니다. 따라서 정치는 늘 견제받아야 하고, 정책에 대한 국민들의 관심도가 대표자들이 신중하게 고민하는 힘을 발휘하도록 감시자 역할을 한다고 생각합니다.

개인에게 직접적으로 영향을 미치지 않더라도, 의사결정에 직접적으로 참여하지 못하더라도 사회적 문제에 지속적으로 관심을 갖고 고민해야 하는 현실적인 이유입니다. 나와 직접적인 영역 이외의 사회적 문제나 철학적 논의와 같은 간접적인 영역도 나 자신을 지키기 위해서 진지한 고민이 필요합니다. 기술이 발전하고 초연결사회화될 수록 거대 담론의 영향은 점차 한 개인에게도 더 크고 깊숙하게 침투할 것입니다.

둘째, 사회적 문제나 철학적 논의를 고민하는 것이 나의 성장에 기여한다는 '성장의 관점'입니다. 사회적으로 다양한 문제에 대해 정리하고 고민하는 것은 개인의 성장 차원에서도 매우 중요합니다. 현대 사회는 복잡하고 빠르게 변화하고 있으며, 다양한 문제들이 서로 연결되어 있습니다. 이를 이해하고 해결하기 위해서는 체계적으로 사고하고 문제를 정리하는 능력이 필수적입니다. 이 과정은 사회적 책임감과 비판적 사고력을 기르는 데 큰 도움을 주며, 개인의 성장뿐만 아니라 공동체의 발전에도 기여합니다. 우선, 다양한 사회적 문제를 고민하는 것은 비판적으로 사고할 수 있는 능력을 길러줍니다. 문제의 본질을 이해하고, 그 원인과 결과를 분석하는 과정을 통해 합리적인 판단을 내릴 수 있습니다. 그리고 공감 능력을 향상 시키는 데 도움이 됩니다. 사회적 문제는 종종 특정 집단이나 개인의 고통과 어려움과 관련이 있습니다. 이를 고민하는 과정에서 다른 사람의 입장을 이해하고 공감하는 능력을 기를 수 있습니다. 이는 사회적 연대감과 협력을 증진시키는 중요한 요소입니다. 또한 사회적 책임감이 강화됩니다. 사회 문제에 대해 고민하는 것은 개인에게 자신의 역할과 책임에 대해 생각하게 만듭니다. 더 나은 사회를 만들기 위한 책임감을 느끼게 하며, 변화에 참여하게 만듭니다. 결국 '고민하는 힘'을 기를 수 있다는 점입니다. 고민한다는 것은 한 인간이 살아 있다는 증거이기도 합니다. 《고민하는 힘》(강상중 지음, 이경덕 옮김)에서 본 감명 깊게 본 글귀를 공유하려 합니다.

> 해답이 없는 물음을 가지고 고민한다. 그것은 결국 젊기 때문에 가능하다고 생각합니다. 달관한 어른이라면 그런 일은 애초에 시작도 하지 않습니다.
>
> 따라서 나는 청춘이란 한 점 의혹도 없을 때까지 본질의 의미를 묻는 것이라 생각합니다. 그것이 자기에게 도움이 되든 그렇지 않든, 사회에 이익이 되든 그렇지 않든 '알고 싶다'는 자기의 내면에서 솟아나는 갈망과 같은 것을 솔직하게 따르는 것이라고 생각합니다.
>
> 거기에는 좌절과 비극의 씨앗이 뿌려져 있기도 합니다. 미숙하기 때문에 의문을 능숙하게 처리하지 못하고 발이 걸려 넘어지기도 합니다. 위험한 곳에 빠지기도 합니다. 그렇지만 나는 그것이 청춘이라고 생각합니다.
>
> 《고민하는 힘》중에

그렇다면 구체적으로 어떻게 사회적 문제를 정리하고 고민을 체계화할 것인지 구체적인 방법론을 아래와 같이 제안해 봅니다.

〈1단계〉 정보 수집 및 분석하기

다양한 출처에서 신뢰할 수 있는 정보를 수집하는 것이 중요합니다. 언론, 학술 연구, 공공 데이터 등을 활용해 문제에 대한 다양한 관점을 이해하고 분석

해야 합니다. 이를 통해 편견 없이 문제를 파악할 수 있습니다. 명심합시다! 요즘 흔히들 보는 유튜브 영상은 자체 알고리즘에 의해 편향된 정보를 제공할 가능성이 매우 큽니다. 나의 입맛, 나의 성향을 고려하여 알고리즘은 '내가 관심 있을 것으로 예상하는 편향된 정보'를 주로 노출시킵니다.

〈2단계〉 문제의 핵심 파악하기

많은 사회적 문제는 복잡하게 얽혀 있기 때문에, 문제의 본질을 파악하는 것이 중요합니다. 원인과 결과, 관련된 이해관계자 등을 분석해 문제의 핵심을 정리해야 합니다.

〈3단계〉 체계적 정리하기

문제를 체계적으로 정리하기 위해서는 단계별로 문제를 나누어 분석하는 것이 좋습니다. 문제의 원인, 현상, 결과, 해결 방안 등을 명확히 구분하여 정리하면 전체적인 그림을 더 잘 이해할 수 있습니다.

〈4단계〉 의도적으로 다양한 관점에서 바라보기

사회 문제는 단 하나의 절대적인 정답이 존재하는 경우가 없습니다. 따라서 다양한 관점을 고려하여 문제를 다각도로 분석하는 것이 필요합니다. 예를 들어, 경제적 관점, 사회적 관점, 정치적 관점 등 여러 측면에서 문제를 바라보는 것이 좋습니다.

> ### 〈5단계〉 해결 방안 모색 및 나만의 답을 제시하기
>
> 문제를 정리한 후에는 현실적인 해결방안을 모색해야 합니다. 단순히 이상적인 해결책을 제시하는 것이 아니라, 실행 가능한 방안이 무엇인지 고민하고 제안해야 합니다.

　내 자신의 능력향상을 위해서, 지역사회나 국가의 바람직한 의사결정을 위해서 우리는 사회적 문제와 철학적 논의를 함께 고민해야 합니다. 이러한 문제들을 체계적으로 고민하고 정리하는 것은 개인과 사회 전체에 긍정적인 변화를 가져올 것이며, 이를 통해 우리 사회가 더 나은 방향으로 나아갈 것이라 확신합니다.

견고한 그릇, 흔들림 없는 그릇 만들기
- 가치의 우선순위 정립

그릇의 그림을 떠올려 봅시다. 그릇의 모양을 떠올려 보면 우리의 상상은 자연스럽게 몸통 부분에 집중하게 됩니다. 당장 눈에 들어오는 부분이고 그릇의 아름다움과 크기가 몸통 부분에 담겨 있기 때문입니다. 하지만 눈에 잘 띄지 않지만 그릇의 실용성과 견고함을 위해서는 바닥 부분도 매우 중요합니다. 바닥 부분이 평평하고 고르지 못하다면 어떠한 음식이나 물건을 담아도 흔들림이 있을 것입니다. 그 흔들림은 그릇에 충격을 누적할 것이고, 오래 방치하게 되면 그릇 자체가 깨지는 순간이 옵니다. 그만큼 우리의 시선이 잘 가지 않는 부분, 그릇의 바닥을 평평하고 고르게 잘 다지는 것도 매우 중요합니다. 그릇의 평평함은 한 사람에게 있어서는 좌고우면하지 않는 것, 어떠한 상황에서도 일관성 있는 모습, 가치 정립이 잘되어 있는 것으로 볼 수 있습니다. 처해진 상황마다 좌고우면하거나, 일관성 없는 판단을 하거나, 정의나 판단의 가치가 정립되지 않은 사람을 보면 불안감을 느끼게 되며 많은 사람들을 품을 수 있는 그릇이라 여겨지지 않습니다. 그릇의 근간이 되는 바닥 부분이 안정적이고 평평해야 넓은 몸통 부분을 지탱할 수 있습니다. 그렇다면 어떻게 사람 그릇의 바닥 부분을 견고하고 평평하게 만들 수 있을까요? 제가 생각하는 해답은 가치 판단의 우선순위를 정립하는 것입니다. 가치 판단의 우선순위를 논하기 위해서는 '정의(正義, justice)'를 논하지 않을 수 없습니다. 우리에게 익숙한 수많은 철학자들은 흔들림 없는 불변의 가치인 정의(正義, justice)를 정의(定義, definition)하기 위한 투쟁가들이었다고 평가하고 싶습니다. 유구한 철학사에서 내로라하는 철학자들은 오랜 사유의 결과로 저마다 정의(正義, justice)를 정의(定義, definition)하는 것을 시도해왔고 현시대를 사는 우리는 그들의 언어로써 정의(正義, justice)를 배우고 습득합니다. 재미있는 점은 정의에 대한 다양한 정의가 모두 상당히 일리가 있다는 점입니다. 다양한 정의적 관점이 틀리지 않았으며 모두 설득력이 있고 현실에서 적용이 된다는 것입니다. 이 점이 우리를 매우 불안정하게 하는 요소로 작용합니다. 절대적 가치 딱 한 가지만 존재한다면 우리는 그 가치만을 추종하면 됩니다. 하지만 틀리지 않은 다양한 가치가 혼재되어 있고 우리는 그러한 가치 중 무언가를 선택해야 하는 순간들을 마주하게 됩니다. 우리가 가치 판단에 대한 나름의 우선순위를 정립하지 않으면 우리는 그때그때 다른 선택, 다른 가치를 반영한 결과로 귀결되기 쉽습니다. '거짓말을 해도 되는 것인가?', '안락사는 허용되어야 하는가?', '낙태 여부는 개인의 선택권인가?', '사형제도는 폐지되어야 하는가?', '동성애는 허용되어야 하는가?', '부의 재분배를 위해 국가는 어디까지 개입해야 하는가?' 등 다양한 사회적 이슈가 존재합니다. 그 많은 논쟁에서 우리는 과연 일관된 방향의 가치를 적용하고 판단하고 있을까요? 개인의 입장에서 생각해 보면, 어떠한 주제에 대해서는 보수적 논리가 수용성이 높고, 또 다른 주제에 대해서는 진보적 논리가 받아들여지기도 합니다. 즉, 우리는 다양한 가치들 속에서 명료하지 않은 우선순위를 바탕으로 판단한다는 것을 방증하는 대목입니다. 사유로만 평생을 살아온 철학자들조차도 모든 가치의 우선순위를 결론 내리지 못했습니다. 좀 더 정확히 말하자면, 그들은 그들의 생애 동안 나름의 가치 우선순위를 정했을지 모르나 현시대의 우리들이 온전히 따를 수 있는 가치의 우선순위를 제시하지 못했습니다. 그들조차도 '참'과 '진리'에 도달하지 못했는데 어찌 일반인들이 그러한 경지에 도달할 수 있을까요? 하지만 가치 우선순위 정립이 그 자체로 무용하다는 것은 아닙니다. 오히려 반드시 필요합니다. '참'과 '진리'의 우선순위 가치를 찾지 못하더라도 내 그릇에 맞고 내 그릇이 흔들리지 않는 우선순위 가치는 반드시 필요합니다. 이 그릇의 주인은 나이기 때문입니다. 내 그릇의 바닥은 내가 사유하고, 내가 선택하며, 내가 고르고 단단하게 만들 수 있습니다. 하지만 이러한 시도나 노력을 하지 않는다면 바닥은 울퉁불퉁할 것이며 때때로 반드시 흔들릴 것입니다. 나를 위해서, 나의 일관된 삶과 소신을 위해서라도 가치의 우선순위 정립은 반드시 필요합니다.

독자분들의 이해를 돕고자 저의 가치 우선순위를 소개하려 합니다. 저 나름의 고찰로 얻은 결과물이지만 정답이나 참은 아닙니다.

1. 천부인권: 모든 사람이 태어나면서부터 갖는, 그 누구에게도 침해받을 수 없는 기본적 권리.
   (예) 생명권, 자유권, 평등권, 행복추구권
2. 공리주의: 최대 다수의 최대 행복. 최대한 많은 사람들에게 이익이 될 것.
3. 손상익하(損上益下): 윗사람의 이익을 덜어 아랫사람을 이롭게 함.
4. 정명(正名): '다움'의 실천. 이상적, 포괄적 역할에 대한 준수와 이행.
5. 신뢰 보호: 국가에 대한 국민의 정당한 신뢰를 국가는 보호해 주어야 함. 나에 대한 주변 사람들의 정당한 기대와 신뢰를 지켜 주어야 함.

첫 번째 가장 우선하는 가치는 천부인권(天賦人權)입니다. 천부인권(天賦人權)은 모든 인간이 태어날 때부터 본질적으로 가지는 권리로, 그 권리는 신이나 자연에 의해 부여된 것으로 간주됩니다. 그래서 자연권이라는 용어로 대체되기도 합니다. 즉, 이 권리는 인간이 사회적·정치적 구조에 상관없이 본질적으로 소유하고 있으며, 어떤 권력도 이를 침해하거나 박탈할 수 없다는 사상에서 기반합니다. 인간으로서 보장받아야 하는 최소한의 기본적 권리이므로 저는 이 가치가 어떠한 가치보다도 우선되어야 한다고 판단했습니다. 이러한 권리는 인간의 존엄성과 평등을 강조하며, 근대 민주주의와 인권 사상의 기초가 되고 있습니다. 천부인권 사상은 17세기와 18세기 유럽의 계몽주의 철학자들, 특히 존 로크(John Locke)와 장 자크 루소(Jean-Jacques Rousseau)와 같은 인물들에 의해 발전됐습니다. 이들은 인간이 태어날 때부터 자유롭고 평등하다고 주장하였으며, 이러한 천부인권 개념은 미국 독립선언문과 프랑스 인권선언에서도 중요한 역할을 했습니다.

우리나라 헌법에도 천부인권의 개념이 반영돼 있습니다. 대한민국 헌법은 천부인권 사상을 바탕으로 인간의 존엄성과 기본적 인권을 보장하고 있습니다. 특히 헌법 제10조에서 천부인권을 명시하며, 모든 국민이 본질적으로 가지는 인권을 보호하는 헌법적 기초를 제공합니다.

《대한민국 헌법》제10조

모든 국민은 인간으로서의 존엄과 가치를 가지며, 행복을 추구할 권리를 가진다. 국가는 개인이 가지는 불가침의 기본적 인권을 확인하고, 이를 보장할 의무를 진다.

이 조항은 다음의 중요한 원칙들을 포함하고 있습니다.

첫째, 인간의 존엄과 가치입니다. 모든 국민은 인간으로서 존엄과 가치를 가진 존재로 인정됩니다. 이는 천부인권 사상에서 말하는 인간의 본질적 권리입니다. 어떤 이유로도 인간의 존엄성이 침해되어서는 안 된다는 원칙을 명확히 하고 있습니다.

둘째, 행복추구권입니다. 모든 국민은 자신의 행복을 추구할 권리가 있습니다. 이는 천부인권의 중요한 요소 중 하나로, 각 개인이 자신의 삶에서 자유롭게 행복을 추구할 권리가 보장되어야 한다는 의미입니다.

셋째, 기본적 인권의 불가침성입니다. 기본적 인권은 천부인권에 근거하여 불가침의 권리로 규정됩니다. 이는 국가 권력조차도 함부로 침해할 수 없는 권리라는 뜻으로, 천부인권 사상의 핵심입니다.

넷째, 국가의 보호 의무입니다. 헌법은 국가가 국민의 기본적 인권을 확인하고 보장할 의무를 명확히 하고 있습니다. 이는 국가가 국민의 인권을 적극적으로 보호하고, 침해당하지 않도록 해야 할 책임을 진다는 의미입니다.

헌법에서는 제10조 이외에도 주요 기본권을 별도로 열거하고 있습니다.

> ⊙ 평등권(제11조): 모든 국민은 법 앞에 평등하며, 누구도 성별, 종교, 사회적 신분에 따라 차별받지 않습니다.
> ⓒ 자유권: 신체의 자유(제12조), 거주·이전의 자유(제14조), 직업 선택의 자유(제15조) 등 국민은 자신의 자유를 누릴 권리가 있습니다.
> ⓒ 생명권(제37조 2항): 국가가 국민의 생명권을 보호해야 하며, 이를 침해하는 행위는 제한됩니다.
> ⓔ 재산권(제23조): 모든 국민은 재산을 소유하고 이를 보호받을 권리가 있습니다.

우리나라뿐만 아니라 대부분의 국가는 개별 국가 단위에서도 천부인권 개념을 법과 통치이념에 반영하고 있으며, 국제 단위로는 유엔 인권 선언과 같은 여러 인권 문서에도 포함하고 있습니다. 천부인권은 오늘날 민주주의와 법치주의의 중요한 기초로 작용하고 있습니다.

　두 번째 우선하는 가치는 공리주의입니다. 공리주의는 제레미 벤담이 주창한 "최대 다수의 최대 행복"이라는 개념으로 축약됩니다. 한자성어로는 다다익선(多多益善)에 가깝습니다. 가능하다면 최대한 많은 사람들에게 행복이나 유익을 줄 수 있는 것을 두 번째 우선가치로 판단했습니다. 공리주의를 가볍게 이해하기 위해 주요 개념과 대표적인 사상가, 장점과 단점을 간략하게 살펴보고자 합니다.

　공리주의(功利主義)의 개념을 이해하기 위해서는 공리에 대한 이해가 선행되어야 합니다. 사전적 의미로는 이익이나 유익함을 의미하고, 공리주의라는 사상적 입장에서는 쾌락과 행복을 증진시키고 고통을 줄이는 것을 의미합니다. 공리주의에서 말하는 '행복'은 흔히 쾌락과 고통의 부재를 의미합니다. 쾌락을 증진하고 고통을 줄이는 것이 모든 행위의 최종적인 목표로 간주되는 것입니다.

　'최대 다수의 최대 행복'이라는 말을 통해 알 수 있듯이, 공리주의는 개개인의 이익이 아니라 전체 집단의 행복을 중시합니다. 한 사람의 이익보다 다수의 이익을 우선시하며, 사회 전체의 행복을 극대화하는 행동이 가장 도덕적이라고 봅니다. 공리주의는 결과론적 윤리학의 한 형태로, 행동의 도덕적 가치는 그 행동의 결과에 따라 결정됩니다. 즉, 행동 자체의 선악보다는 그 결과가 얼마나 많은 사람들에게 행복이나 이익을 가져다주는지가 중요한 것입니다.

공리주의의 대표 사상가로는 벤담과 밀이 있습니다. 제레미 벤담(Jeremy Bentham)은 공리주의의 창시자로 알려져 있으며 인간 행동의 궁극적인 목적은 쾌락을 증진하고 고통을 줄이는 것이라고 주장했습니다. 그는 도덕적 행위의 기준을 '쾌락의 양'으로 측정하며, 쾌락을 극대화하는 것이 가장 바람직한 행위라고 보았습니다.

존 스튜어트 밀(John Stuart Mill)은 벤담의 제자였던 밀의 공리주의를 발전시켜, 단순한 쾌락의 양뿐 아니라 쾌락의 질도 고려해야 한다고 주장했습니다. 밀은 지적이고 도덕적인 쾌락이 육체적 쾌락보다 더 고차원적이며, 이를 추구하는 것이 진정한 행복이라고 강조했습니다.

벤담과 밀은 쾌락의 총량이 중요하다는 것에서 공통된 인식을 갖고 있으며, 밀은 더 나아가 쾌락의 질적 차이가 존재하며 고차원적 쾌락을 추구하는 것이 중요하다고 주장했습니다.

공리주의는 실용주의에 입각해 있으며, 결과를 중시하므로 객관성을 갖춘 사상이라 할 수 있습니다. 도덕적 판단이 실제로 사람들이 원하는 결과(행복, 이익)에 초점을 맞추기 때문에 현실적인 문제해결에 유용합니다. 그리고 개인의 주관적인 신념이나 감정이 아닌, 구체적인 결과를 기준으로 도덕적 판단을 내릴 수 있어 객관성을 갖출 수 있습니다.

반면 공리주의는 소수의 권리가 침해될 가능성이 있으므로 공격을 받기도 합니다. 공리주의는 다수의 행복을 중시하기 때문에 소수의 권리나 이익이 희생될 수 있다는 비판을 받습니다. 예를 들어, 다수의 행복을 위해 소수의 희생을 정당화할 위험이 있습니다.

가장 극단적인 사례는 마이클 샌델의 《정의란 무엇인가》에서 논의되는 대표적인 사례 중 하나로 '민간 항해자들에 관한 살해 사건'이 있습니다. 이 사건은 '더들리와 스티븐스 사건(Dudley and Stephens case)'이라고 불리며, 공리주의적 윤리와 관련된 중요한 도덕적 딜레마를 제기합니다.

이 사건은 1884년 실제로 발생한 일로, 영국의 배가 난파되어 네 명의 선원이 구명보트에 갇혀 표류하게 됩니다. 이들은 며칠 동안 물과 음식이 떨어진 상태로 살아남았고, 그중 한 명인 리처드 파커라는 17세의 선원이 병에 걸려 심하게 쇠약해진 상태였습니다. 선장 더들리와 또 다른 선원 스티븐스는 파커가 더 이상 회복할 가능성이 없다고 판단하고, 그의 동의 없이 그를 죽여서 식량으로 삼았습니다. 나머지 세 명은 파커의 시체를 먹으며 연명했고, 며칠 후 구조되었던 사건입니다. 이 사건은 공리주의적 관점, 다수의 이익의 관점에서는 자칫 살인이라는 행위가 그 상황에서 정당했다고 볼 수도 있을 것입니다. 공리주의 관점에서는 다수의 행복이나 생명을 최대화하는 것이 중요한 윤리적 원칙이기 때문입니다. 이 사례에서 두 선원이 선택한 방식은 자신들을 포함한 다수의 생명을 구하는 데 기여했습니다. 그들의 입장에서, 죽어 가던 파커를 희생시키는 것이 세 명의 생명을 살리는 방법으로 정당화될 수 있는 것입니다. 결국, 한 명의 죽음이 세 명의 생명을 구했다는 점에서, 공리주의적으로는 옳은 결정처럼 보일 수 있습니다.

하지만 책을 통해서 샌델은 공리주의의 한계를 지적합니다. '한 사람의 생명을 수단으로 사용하여 다수의 이익을 추구하는 것이 도덕적으로 정당한가?'라는 질문을 던집니다. 파커는 동의하지 않았고, 단순히 다수의 이익을 위해 희생된 존재로 간주될 수밖에 없었습니다. 이는 인간의 생명을 수단으로 취급하는 것이며, 인간의 존엄성을 무시하는 결과를 낳았습니다. 샌델은 공리주의가 결과 중심적인 사고를 바탕으로 도덕적 직관에 반하는 결정을 내릴 수 있음을 설파합니다. 소수의 희생이 다수의 행복을 정당화할 수 있는지에 대한 성찰을 촉구하며, 공리주의의 윤리적 한계를 명확히 제시했습니다. 이 사건은 결국 법정에서 논의되었고, 더들리와 스티븐스는 살인 혐의로 유죄 판결을 받았습니다. 이는 다수의 이익을 위한 행동이 반드시 법적으로나 도덕적으로 정당한 것은 아니라는 점을 시사합니다.

그리고 공리주의는 모두가 수용할 수 있는 행복에 대한 정의가 어렵다는 문제도 해결하지 못합니다. 사람마다 행복의 기준이 다를 수 있기 때문에, 모든 사람에게 동등하게 적용될 수 있는 행복의 기준을 설정하는 것은 매우 어려울 것입니다. 공리주의는 많은 장점이 있고 매력적인 가치이지만 이러한 단점들이 존재하므로 최우선 가치일 수 없다고 판단했습니다.

세 번째 우선하는 가치는 손상익하(損上益下)입니다. 덜 손, 위 상, 이로울 익, 아래 하의 한자를 사용하는 문구입니다. 즉, '위에 있는 것을 덜어서 아래에 이익이 되도록 한다.'는 것입니다. 부의 재분배, 노블레스 우블리주, 정조대왕의 철학, 롤스(John Rawls) 정의론에서의 차등의 원칙, 국가의 역할 등이 떠오르는 문구입니다.

손상익하(損上益下)라는 어구가 최초로 등장하는 사료는《주역》으로 추정됩니다.《주역》은 사서오경에 포함되며《역경(易經)》이라 불리기도 합니다.《주역》은 고대로부터 점술과 관련 내용이었으나 후대에 주석과 해석을 더하면서 우주 만물과 인간을 연결함으로써 유교 경전화되었습니다. 공자께서는 "대저 주역은 무엇을 하는 것인가? 무릇 주역은 만물을 개발하여 임무를 완성하는(開物成務) 천하의 도를 간추린 것이니 이와 같을 따름인지라. 그런 까닭으로 성인이 천하의 뜻(志)을 통달하여 천하의 사업을 결정하며, 천하의 의심을 판단하느니라."라고 말하고 있습니다.

이러한《주역》에서 64괘 가운데 42번째인 '익(益)'괘에 대해서 공자의 주석으로 '손상익하'가 등장하게 됩니다. '익(益)괘는, 위를 덜어 아래에 보태는 일이니 백성들의 즐거움은 끝이 없다(益, 損上益下 民說无疆).' '이익이란 무엇인가?'라는 사람들의 질문에 공자가 제시한 해답은 '손상익하'였던 것입니다. 그 당시 공자께서 생각한 진정한 이익은 일반 백성들에게 도움이 되고 그들이 잘 사는 것이라 여겼습니다.

주역에서 등장한 손상익하는 우리의 역사에서도 직접적으로 등장합니다. 조선시대의 성군이었던 정조대왕이 자신의 통치철학과 정치적 이념을 기록한 《홍재전서(弘齋全書)》를 남겼고, 이 사료에 손상익하가 언급됩니다. 대학시절 저의 은사님인 이정우 교수님은 칼럼기고를 통해 정조대왕 시대의 손상익하 이야기를 다음과 같이 전해 주고 있습니다.

정조 시대 흑산도 주민들의 주된 수입원은 약간의 어업과 종이 원료인 닥나무였다. 그런데 갑자기 닥나무 세금이 크게 올라 죽을 지경이 된 흑산도 주민 김이수는 흑산도 주재 관리에게 억울함을 호소했으나 돌아오는 것은 보복밖에 없었다. 그는 험한 뱃길을 마다하지 않고 나주, 전주 감영을 방문해서 진정을 했으나 아무 소용이 없었다. 불굴의 의지를 가진 김이수는 최후의 수단으로 왕에게 억울함을 호소하러 천리 먼 길 서울로 갔다. 서울로 가며 김이수가 남긴 말이 있다. "서울에 성군이 계시니 가서 한번 아뢰어 보겠다."

서울에 올라와 몇 달을 기다린 김이수에게 기회가 왔다. 정조는 조선왕조에서 궁궐 밖 출입을 가장 많이 한 왕이었다. 원통한 일이 있는 백성은 왕의 외부 행차 때 징을 울리며 아뢰면 민원이 접수되었다. 이를 격쟁이라고 한다. 조선 초기 때 만든 신문고를 연산군이 없애버려 억울해도 호소할 데 없는 백성을 위해 정조가 만든 소통방법이 격쟁이었다. 효자였던 정조는 아버지 사도세자의 능 현륭원을 자주 참배했는데, 어느 추운 겨울날 능행길에 김이수는 격쟁에 성공했다. 현륭원을 다녀온 왕은 그날 접수된 백통이 넘는 민원서류를 꼼꼼히 읽고 일일이 지시를 내리고서야 잠자리에 들었다고 하니 과연 김이수 말대로 성군임에 틀림없다.

김이수의 민원에 대해 몇 달 뒤 왕에게 올라온 보고는 닥나무 세금을 깎아 주면 전라감영에 세수 결손이 발생하니 들어주기 어렵다는 내용이었다. 보고서를 읽은 정조의 대답이 감동적이다. "손상익하(損上益下)하라(위에서 손해를 보고 아래에서 이익이 되게 하라), 그것이 국가가 할 일이다." 200년 전 이러한 소득재분배, 복지국가 사상을 가졌던 왕이 지구상에 또 있었겠는가. 성군의 자질 중 가장 중요한 것은 힘없고 가난하고 억울한 백성에 대한 사랑이다.

〈출처〉 경향신문 정동칼럼, '손상익하' 이정우 경북대 명예교수('17.5.18.)

    우리가 성군이라고 여기고 위대한 지도자로 여기는 위인들은 공통점이 있습니다. 백성과 국민에 대한 사랑, 애민(愛民)이 있었습니다. 여기에서의 민(民)은 광의적으로 백성과 국민 전체를 뜻하기도 하지만 협의적으로는 일반 백성(국민)이나 하층민을 의미할 것입니다. 아래에 이익이 되게 하기 위해서는 국가나 지도자가 전체의 이익을 '재분배'하는 적극 조치, 작위가 수반될 수밖에 없습니다. 손상익하를 실천함에 있어서 어떠한 비율로 어떠한 결과물을 목표로 할 것인지는 정책적 판단에 따라 다를 것입니다. 다만, 손상익하가 국가의 존재 목적이라는 것은 자명합니다. 손상익하 하지 않는다면 국가는 무용합니다.

    네 번째 우선하는 가치는 정명(正名)입니다. 정명은 '다움'의 철학이고, '명실상부'의 실천가치입니다. 사실 정명의 가치는 앞서 언급한 가치들에 비해 추상적입니다. 앞서 언급한 천부인권, 공리주의, 손상익하의 가치로 의사결정을 하지 못한다면 보완적 가치로써 정명이 필요하다고 판단했습니다. 개념의 추상성으로 인해 의사결정의 우선순위가 4순위일 뿐, 제가 생각하는 가장 중요하고 궁극적인 가치입니다. 정명의 가치는 열거주의가 아니라 포괄주의일 수밖에 없습니다. 한 사람이 한평생 동안의 역할을 모두 열거하는 것은 불가능하다고 볼 수 있습니다. 이해를 돕고자, 조금 더 구체적으로 직장생활에서의 업무분장을 생각해 봅시다. 대부분의 회사에서는 부서와 팀의 업무분장, 팀원 개개인의 업무분장이 이뤄집니다. 하지만 아무리 정교하게 업무분장을 열거하려고 해도 모든 것을 열거할 수가 없습니다. 그래서 열거주의를 가장한 포괄주의로 타협을 보게 됩니다. 이렇게 고심 끝에 만들어낸 업무분장표가 있어도 분장의 모호함으로 인해, 예상하지 못했던 새로운 일이 생겼을 때 역할 분담 관련 충돌이 발생하는 경우가 허다합니다. 한 회사 안에서의 역할도 명확하게 구분하고 열거하는 것이 불가한데 어찌 한 사람 인생 전체에서의 역할 구분, 국가 단위에서의 명쾌한 역할 구분이 가능할까요? 분장이라는 시도는 본질적으로 '나누는' 것에 초점이 맞춰져 있습니다. 경계선을 긋고 '나는 여기까지만 하겠다.'라는 폐쇄적이고 배타적인 입장에서 시작합니다. 다만 정명은 본질적으로 '포괄적 책임'에 방점을 두고 있습니다. 그 포괄적 책임은 서로 다른 사람 간에, 서로 다른 조직 간에 겹치는 부분(교집합)이 발생할 수 있습니다. 그러한 교집합 부분은 머리를 맞대고, 협업하며, 함께 해결하면 될 일입니다. 즉, 정명은 통합과 화합에 근간을 두고 있습니다.

한 개인으로서, 가정의 구성원으로서의 정명도 대단히 중요하지만 위정자와 공직에서 일하는 사람들은 특히나 더 강한 정명 의식으로 무장해야 합니다. 모든 공직자들은 국민이 요구하는 바를 잘 살피고 국민의 복리증진을 위해 힘써야 하는 사명을 가지고 있습니다. 그 사명을 붙들고, 본인 스스로 정명에 입각한지 늘 고민하면서 실천하는 공직자가 되어야 할 것입니다.

마지막인 다섯 번째 우선가치는 '신뢰보호'입니다. 이 가치는 《민법》상 신의성실의 원칙과 행정법상 일반원칙중 하나인 신뢰보호의 원칙을 기반하고 있습니다. 신뢰보호 역시 앞서 언급한 천부인권, 공리주의, 손상익하의 가치로 의사결정을 하지 못한다면 보완적 가치로써 필요하다고 판단했습니다. 마지막으로 지켜야 할 최소한의 가이드라인 같은 것입니다.

《민법》 제2조(신의성실) ① 권리의 행사와 의무의 이행은 신의에 좇아 성실히 하여야 한다.
② 권리는 남용하지 못한다.

신뢰보호의 원칙에 대한 이해를 돕고자 아브라함 링컨의 국민에 대한 신뢰보호 사례를 소개합니다. 링컨은 미국의 16대 대통령으로,

남북 전쟁 중 노예 해방을 약속하고 이를 실천함으로써 국민의 신뢰를 보호한 인물로 잘 알려져 있습니다. 1863년, 링컨은 노예 해방을 선언하는 노예 해방 선언(Emancipation Proclamation)을 발표했습니다. 이 선언은 남북 전쟁 중 노예 제도를 폐지하고, 해방된 노예들이 자유를 누릴 수 있도록 하는 중요한 약속이었습니다. 당시 많은 흑인들이 이 선언을 믿고 북군에 합류하여 싸우거나, 자유를 찾아 피난을 갔습니다.

링컨 (1809~1865)
◇ 미국의 16대 대통령 ◇ 미국 남북전쟁의 승리와 미국 통합을 이끌고 민주주의 강화 ◇ 미국 노예제도 폐지 ◇ 명언: "(게티스버그 연설)국민의, 국민에 의한, 국민을 위한 정부는 이 세상에서 사라지지 않을 것입니다.", "미래를 예측하는 가장 좋은 방법은 미래를 만드는 것이다.", "인격은 나무와 같고, 평판은 그림자와 같다. 그림자는 우리가 그것을 어떻게 생각하는지이고, 나무는 그것 자체이다."

링컨은 이 약속을 지키기 위해 전쟁이 끝난 후에도 노예 해방의 완전한 실현을 위해 노력했습니다. 그는 미국 헌법 수정 제13조를 통해 노예 제도를 영구적으로 폐지하도록 하는 법적 기반을 마련했습니다. 링컨은 약속을 지키는 데 그치지 않고, 제도적 변화까지 이끌어내며 국민의 신뢰를 보호했습니다. 링컨의 약속과 그 이행은 미국 사회의 대대적인 변화로 이어졌습니다. 비록 남북 전쟁으로 인해 많은 희생이 따랐지만, 그는 자신이 한 말을 끝까지 지키고자 하였고, 그 결과 노예 제도는 폐지되었습니다. 이는 미국 역사에서 인권과 자유를 확립하는 중요한 전환점이 되었고, 링컨은 신뢰보호의 원칙을 지

키며 사회 정의를 실현한 대표적인 위인으로 남게 됐습니다. 그의 이러한 행동은 오늘날에도 지도자는 국민과의 신뢰를 최우선으로 여겨야 한다는 중요한 교훈을 줍니다. 신뢰보호 원칙을 기반으로 한 그의 정책과 리더십은 미국 역사뿐만 아니라 전 세계적으로도 민주주의와 정의의 상징이 됐습니다.

사인 간이든, 공적 관계에서든 상대가 나에게 갖는 정당한 신뢰를 보호해 주고 지켜야 한다고 생각합니다. 신뢰보호의 원칙이라는 것이 달리 말하면 상대방에 의한 나에 대한 '정명'의 기대라 할 수 있습니다. 국가나 행정기관에 대해서는 정책의 일관성과 예측가능성에 대한 국민의 기대인 것입니다. 사인 간에 신뢰가 무너지면 관계가 무너지듯, 국가에 대한 국민의 정당한 기대와 신뢰가 무너진다면 국민의 지지가 극단적으로는 반정부 시위로 이어질 수 있습니다. 신뢰를 쌓는 데는 상당한 시간과 노력이 필요합니다. 하지만 그 신뢰가 무너지는 것은 한순간입니다. 신뢰관계에 균열이 생기기 시작하면 걷잡을 수 없습니다. 신뢰에 있어서, 호미로 막을 일을 가래뿐만 아니라 불도저로도 막을 수 없는 상황이 올 수 있습니다. 공직에 있는 모든 이는 국민의 정당한 기대와 신뢰를 지키는 것을 최후의 보루로 여겨야 할 것입니다. 저 역시 가정에서든, 사회에서든, 다양한 역할 속에서 이 가치를 굳건하게 견지하기 위해 고군분투하고 있습니다.

"매일"의 힘, 작은 물방울이 큰 바위를 뚫는다

업무적으로 만난 한 교수님으로부터 영감을 받은 적이 있습니다. 서로 대화를 많이 나누어 보지도 못했고 그분의 내면 깊이도 알지 못하지만, 그분으로부터 받은 메시지의 재해석은 다음과 같았습니다.

'스스로 크고 단단한 그릇, 이 세상을 위해 크게 쓰임이 있는 그릇이 되기 위해서는 "매일"의 습관이 반드시 필요하다.'

노력으로 이뤄지는 생활 습관 중 "거의 매일" 하는 것은 하나, 둘쯤 가지고 있을 수 있지만 "빠짐없이 매일"을 지키는 것은 찾기 어렵습니다. 숨 쉬고, 먹고, 자는 것과 같이 생존을 위해서 당연히 매일 하는 것들 외에 내가 하루도 빠짐없이, 예외 없이 노력을 수반하고 있는 것이 무엇인가 고민하게 된 계기가 됐습니다. 그리고 "매일의 힘"에 대한 고민으로 이어졌습니다.

인간의 그릇을 크고 단단하게 만드는 데 있어 중요한 요소는 바로 '매일'이라는 시간의 축복을 어떻게 활용하느냐인 것 같습니다. 매일의 작은 행동들은 우리 내면의 성품과 능력을 형성하는 씨앗과도 같습니다. 이 씨앗들이 자라 숲이 되기 위해서는 지속적이고 일관된 노력이 필요합니다. 우리가 매일 행하는 작은 행동들이 결국 우리의 삶을 변화시키고 그릇을 확장하는 열쇠가 됩니다.

일상의 반복이 그릇을 만든다고 생각합니다. 철학자이자 심리학자인 윌리엄 제임스(William James)는 "인간의 행동이 반복을 통해 무의식적인 습관으로 자리 잡을 때, 그 행동은 더 이상 노력 없이도 이루어진다."라고 말합니다. 이는 우리가 원하는 성품을 형성하는 데 있어 핵심적인 통찰을 제공합니다. 단 하루의 영감이나 결심으로는 부족합니다. 매일의 반복이야말로 변화와 성장을 이끌어 내는 가장 강력한 도구입니다.

가령 매일 감사의 말을 적는 습관은 우리의 관점을 긍정적으로 변화시킬 수 있습니다. 아침에 일어나 침대를 정돈하는 단순한 행동조차도 자신의 삶을 주도적으로 다루는 태도를 강화합니다. 이처럼 사소해 보이는 행동이라도 매일 실천한다면 큰 변화를 가져올 수 있습니다.

성공한 이들의 삶을 살펴보면 그들은 모두 매일 반복하는 특정한 습관을 가지고 있습니다. 이 습관들은 단순히 기술적 성공을 넘어 그들의 성품을 강화하고, 그릇을 키우는 데 중요한 역할을 합니다.

한국 역사상 최고의 축구 선수로 손꼽히는 손흥민은 매일 체력 훈련과 기술 연습을 게을리하지 않는 습관으로 세계적인 축구 선수로 자리 잡았습니다. 그의 꾸준한 훈련과 관리 습관은 그의 성취의 밑바탕이 됐습니다.

다산 정약용은 매일 새벽 일어나 경전과 학문을 연구하며 자신의 학문적 깊이를 더했습니다. 그는 꾸준히 자신의 일기를 작성하고, 연구 기록을 남기며 자신의 성찰을 삶에 반영했습니다.

벤저민 프랭클린은 매일 자신이 하루를 어떻게 보냈는지 평가하는 시간을 가졌습니다. 그는 자기 점검을 통해 자신의 도덕성과 목표 달성 여부를 검토하며 성장을 지속했습니다.

스티브 잡스는 매일 아침 거울을 보며 "오늘이 내 인생의 마지막 날이라면 지금 하려는 일을 하겠는가?"라고 자신에게 물었다고 합니다. 이 질문은 그의 삶에 우선순위를 두고 집중력을 유지하게 했다고 합니다.

워렌 버핏은 매일 5시간 이상 독서하는 습관을 통해 자신의 지식과 통찰력을 넓혀왔습니다. 그는 독서를 통해 자신을 끊임없이 성장시키고 더 나은 결정을 내릴 수 있는 기반을 다졌습니다.

우리는 매일의 습관으로 우리의 그릇을 채워 갈 수 있습니다. 그릇이 크고 단단해지기 위해서는 의식적으로 매일의 습관을 설계하고 실천해야 합니다. 첫 번째로 자신이 이루고자 하는 목표를 명확히 하고, 그 목표에 맞는 작은 행동을 정해야 합니다. 그 행동이 설령 작은 것이라 하더라도 꾸준히 반복해야 합니다.

　매일의 실천이란 단순히 행동의 반복만을 의미하지는 않습니다. 이는 우리의 의지와 태도를 다지고, 더 큰 삶을 담을 수 있는 내면의 그릇을 만들어가는 과정입니다. 오늘부터 단 한 가지라도 매일 실천할 습관을 정해 보는 것을 권하고 싶습니다. 그 작은 시작이 우리의 그릇을 더 크고 단단하게 만들어 줄 것이라 확신합니다.

삶의 쉼표, 활력소 찾기

　인간은 감정적인 동물입니다. 하루 동안에도 수많은 감정기복을 겪습니다. 좋은 기분이 들다가도 소소한 일로 감정이 상하기도 합니다. 이렇게 감정의 굴곡을 겪고 하루를 마무리하는 시간이 되면 몸도 마음도 녹초가 되어 있습니다. 의미 있는 일을 하거나 사고를 할 여력이 없는 것이 보통의 삶입니다. 하지만 그릇을 잘 관리하기 위해서는 별도의 처방이 필요합니다. 우선 정서적·심리적 회복이 필요하며 이를 위해서는 활력소 찾기가 출발점입니다.

　활력소의 형태는 다양합니다. 어떠한 존재 자체일 수 있고, 활동일 수도 있습니다. 존재 자체가 활력소인 대표 사례는 신앙의 대상, 가족, 친구 등이 있습니다. 존재만으로, 생각만으로도 활력을 얻는다는 것은 매우 고차원적이라 할 수 있습니다. 하지만 이를 통해 얻는 활력은 그 효과가 일시적이기 쉽습니다. 사람은 보고, 만지고, 체험하는 것에 더 큰 자극을 받고 오래 기억하기 때문입니다. 존재만으로, 생각만으로 활력을 얻는 것은 오랜 수행과 통찰이 필요한 영역입니다.

　다음으로 활동으로써의 활력소를 살펴봅시다. 활동으로써의 활력소는 흔히들 말하는 취미활동이라고 보면 됩니다. 어린이백과에서는 취미를 "즐거움을 얻기 위해 좋아하는 일을 지속적으로 하는 것, 현대적 의미의 여가 선용 활동"이라고 정의하고 있습니다. 즐거움을 얻는다는 목적과 좋아하는 일이라는 대상이 전제되고 있습니다. 지향의 의미로서의 취미, 내가 희망하는 나의 근사한 모습을 위한 취미가 아니라 진정으로 즐겁고 힐링이 되는 활동이어야 의미가 있습니다. 예를 들면 독서를 즐거하지 않지만 책을 가까이 해야 할 것 같고 도움이 될 것 같으니 의지적 표현의 취미라면 큰 의미가 없다고 봅니다. 했을 때 즐겁고, 소소하지만 만족감을 느낄 수 있고 스스로 활력을 되찾을 수 있는 것이라면 충분합니다.

취미활동이 주는 효과는 구체적으로 어떤 것이 있을까요? 첫째는 '회복'입니다. 취미는 보통 자기가 좋아하는 일을 하는 것이고 몰입하며 시간을 보낼 수 있습니다. 그래서 근심, 스트레스 등 부정적인 생각과 감정을 잊을 수 있습니다. 몰입할 수 있는 취미일수록 이러한 효과는 더 클 것입니다. 둘째는 '자신감'입니다. 취미라는 것은 자주 한다는 의미를 갖기도 합니다. 자주 한다는 것은 나에게 익숙하고 잘할 수 있다는 자신감으로 귀결될 수 있습니다. 특정 분야에서의 소소한 자신감이지만 이는 삶에도 긍정적인 영향을 미칩니다. 이러한 소소한 자신감에 따른 긍정적 심리는 확장성이 강합니다. 우리 마음 중심에 우울감, 불안감 등의 부정적 심리가 아닌 자신감과 열정과 같은 긍정적 심리가 견고하게 자리 잡는 데 기여할 것입니다. 셋째는 '건

강'입니다. 취미활동을 활동성 측면에서 구분했을 때 정적 취미활동
도 있고 동적 취미활동이 있습니다. 정적취미활동은 대표적으로 독
서를 들 수 있습니다. 독서를 통해 심리적 안정감을 찾을 수 있고 스
트레스 퇴치에도 도움이 됩니다. 즉 뇌의 건강에 도움이 됩니다. 반
면 동적 취미활동은 육체적 건강으로 이어집니다. 다양한 사람들과
함께 하는 활동이라면 상호 유대감을 형성하고 인적네트워크를 쌓는
것은 덤이 됩니다.

한 사람 인생의 예습과 복습 - 일기 쓰기

세대마다 다르겠지만 일기 쓰기가 숙제였던 시절이 있었습니다. 날짜를 쓰고, 날씨를 체크하고, 그날 있었던 일을 두서없이 썼던 일기. 저의 학창 시절에는 체벌도 있던 시기여서 일기를 쓰지 않으면 매를 맞기도 했습니다. 방학기간은 더 난처했습니다. 방학이 끝날 때 쯤이 되면 한 달치 밀린 일기를 쓰느라 정신없기도 했습니다. 겨우 기억을 더듬어 쓰기도 하고 없었던 일을 지어내기도 했던 것 같습니다. MZ 이전 세대는 공감하지 않을까 생각합니다.

그런데 왜 일기가 숙제였을까요? 개인의 사생활, 하루일과를 강제로(?) 기록으로 남기게 한 이유는 무엇이었을까요? 일기는 학업과 인생에 대한 예습과 복습이 담긴 산물이기 때문이라 생각합니다. 학업에 있어서 예습과 복습이 중요하다는 말을 많이 합니다. 오늘을 포함한 과거에 배운 것을 정리하고 향후 배울 내용을 미리 학습하는 것, 일기의 원리와 흡사해 보입니다. 오늘 있었던 일과 감정들을 정리하고, 때때로 훗날의 일에 대한 계획과 기대감을 남기는 일기 쓰기는 한 사람의 인생 예습과 복습이 담긴 정석에 가까운 생활양식이라 할 수 있습니다.

일기 쓰기로 잘 알려진 인물로는 충무공 이순신과 레오나르도 다 빈치가 있습니다. 이순신 장군은 1592년 임진왜란 발발 직후부터 서거하신 1598년 노량해전 직전까지 《난중일기》를 쓰셨고, 주로 전투상황, 조정과의 관계, 군사문제, 개인적 감정과 고민 등을 일기에 담으셨습니다. 《난중일기》를 통해 후세대는

> **충무공 이순신**
> **(1545~1598)**
>
> ◇ 조선 중기의 무신이며 임진왜란에서 일본 수군을 격퇴하고 전사한 장수
> ◇ 거북선을 만듦
> ◇ 한산도대첩, 명량해전, 노량해전 등 지휘하여 적을 격퇴
> ◇ 명언: "필사즉생 필생즉사(必死卽生 必生卽死)", "신에게는 아직 12척의 배가 남아 있사옵니다.", "나라를 위해 죽는 것이 진정 인간의 도리다."

이순신 장군의 철저한 자기 성찰, 국가와 백성에 대한 헌신, 심리적 고독, 전투에서 승리로 이끈 전략 등을 사료로써 엿볼 수 있게 됐습니다. 한편, 레오나르도 다 빈치는 단순한 개인 기록을 넘어선 창의적 사고의 집합체로써의 일기였습니다. 그는 자신의 아이디어를 글과 그림으로 기록하여, 후대에 방대한 지식과 통찰을 남겼습니다. 그의 일기는 인간이 상상할 수 있는 모든 것을 탐구하려는 그의 끊임없는 열정을 보여 주며, 오늘날까지도 수많은 학문과 예술 분야에서 중요한 연구 자료로 사용되고 있습니다.

위인들의 일기가 남달랐음은 자명합니다. 하지만 그러한 내용들은 자신이 처한 환경, 관심사, 부여된 역할에 의해서 더 특별했을 수도 있습니다. 대단한 일이나 혁신적인 아이디어를 기록하지 않더라도 소소한 일상을 기록하고 성찰하는 시간을 갖는 것만으로도 매우

가치로운 일입니다. 일기의 가장 큰 의미는 하루의 일을 기록하면서 반성, 감사 등 자기성찰의 시간을 갖는 데 있다고 생각합니다. 일기야 쓰는 사람 마음이겠지만 대개는 있었던 일에 대한 사실기록, 그때의 감정과 현재의 성찰위주로 서술되는 경우가 많습니다. 있었던 일 자체에 대한 사실기록도 자신의 삶을 기록한다는 점에서 의미가 있습니다. 하지만 일기를 쓰는 행위가 큰 힘을 발휘하는 부분은 감정의 정화와 현재의 성찰에 있다고 봅니다. 일기를 쓰는 시점은 소재의 사건이 발생한 이후 시점이므로 그때의 감정을 더 객관적으로 들여다볼 수 있습니다. 감사의 관점에서 바라보기도 하고, 반성의 관점에서 바라보기도 하며, 미래의 의지를 다짐하는 기회가 되기도 합니다.

그중 감사의 관점이 그릇 형성과 관리에 가장 긍정적인 영향을 미칩니다. 일기를 쓰면서 감사의 시간을 갖는 사람들은 그렇지 않은 사람들과 어떤 차이가 있을까요? 뇌부터 차이가 납니다. 국내 일부 신경계 의학자들은 감사한 일을 생각하는 사람과 원망하고 자책하는 부정적인 생각을 하는 사람의 뇌와 심장의 변화를 실험했습니다. 감사한 일을 생각하는 사람은 뇌파와 심장박동이 안정적인 파형을 형성하고 표정이 편안했다고 합니다. 반면 원망하고 자책하는 부정적인 생각을 하는 사람은 심박수가 올라가고 스트레스 뇌파가 관찰됐습니다. 이렇듯 감사하는 마음은 개인의 신체적 정서적 안정감에 영향을 줍니다. 하지만 그 감사하는 마음은 개인의 영역에 국한되는 것이 아니라 그 선한 영향력이 주변 사람들과 사회까지 전파되고 확장

됩니다.

감사는 그 대상이 누구냐에 따라 자신에 대한 감사와 나 이외의 대상에 대한 감사로 나눌 수 있습니다. 자신에 대한 감사는 자아 존중감으로 이어집니다. 표면이 반질반질하고 윤기가 흐르는 두 도자기가 있습니다. 하나는 공산품 광택제를 발랐고, 다른 하나는 초벌과 재벌을 거치며 유약을 바르는 과정을 거쳤습니다. 멀리서 언뜻 보면 두 도자기는 같아 보입니다. 하지만 가까이 가면 둘은 확연히 다르다는 것을 알 수 있습니다. 냄새가 다르고, 기품과 자연스러움이 다릅니다. 그 차이는 가품과 명품으로 판별됩니다. 일기를 통해 훈련되고 객관화된 자아 존중감은 명품 도자기를 만드는 좋은 습관입니다.

"자아 존중감의 사전적 의미는 자기 자신을 가치 있고 긍정적인 존재로 평가하는 개념이다. 자아 효능감이 특정한 과제 극복에 대한 자기 자신의 기대 수준에 따라 달라질 수 있다면, 자아 존중감은 자기 자신에 대한 보다 광범위하고 포괄적인 긍정 또는 부정적인 평가를 의미한다. 일반적으로 자아 개념과 자아 존중감은 혼용되어 사용되기도 하며, 자아 존중감은 평가의 측면을 강조한 자아 개념의 특별한 유형으로 설명되기도 한다."

〈출처〉 특수교육학 용어사전, 2009, 국립특수교육원

성찰 없는 자아 존중감은 자만심으로 똘똘 뭉친 사람으로 만들 수 있습니다. 하지만 일기를 통한 성찰을 기반으로 한 자아 존중감은 겸손한 자신감으로 귀결됩니다.

나 이외의 대상에 대한 감사는 어떨까요? 앞서 살펴본 개인의 신체적·정서적 안정감을 주는 것 이외에도 자신의 세계관이 달라질 수 있고 대인관계에 지대한 영향을 줍니다. 우선 세상, 우주 만물에 대한 긍정적인 세계관을 가질 수 있습니다. 또한 감사하는 마음은 나의 실천, 사회적 공헌으로 연결되기 쉽습니다. 감사의 마음은 보답의 마음으로 이어지기는 경우가 많고 나 역시 기꺼이 실천하는 용기를 얻게 됩니다. 감사는 진심입니다. 진심(진짜 마음)으로 타인을 대하는 사람과 가짜 마음으로 타인을 대하는 사람은 금방 그 차이가 들통납니다. 깊이가 다릅니다. 가짜 마음은 금세 자신의 바닥을 보이기 마련입니다. 하지만 감사를 기반한 진심으로 타인을 대하는 사람은 이심전심이 됩니다.

당연한 이야기지만 기왕이면 일기는 매일 쓰면 좋습니다. 도저히 일기 쓸 상황이 되지 않고 쓰기 귀찮은 날이 있을 수 있습니다. 하루 이틀 미뤄지기도 합니다. 하지만 일단 써야 합니다. 날씨라도 써야 합니다. 이순신 장군의 《난중일기》도 엄청 대단하지는 않습니다. 날씨만 쓰고 그날의 일기를 마무리 하신 경우도 있습니다. 단문으로 한두 문장으로 끝나는 경우도 많습니다. 글을 유려하게 쓰려고 하기보다 오늘 있었던 일을 돌이켜보고 성찰하는 시간을 갖는 것 자체가 중요합니다.

누가 아나요? 일기를 쓸 때는 몰랐으나 시간이 흘러 나의 일기가 제2의 난중일기가 될지! 호랑이는 죽으면 가죽을 남기고, 사람은 죽어서 이름을 남깁니다. 이름을 남기면 후세는 그 사람의 삶을 들여다봅니다. 그 사람의 삶은 언론의 기사, 자서전과 일기에 기록되어 있을 것입니다.

타인의 지식을 효율적으로 축적하기 - 독서하기

'독서'라는 단어가 가장 흔히 등장하는 곳은 자기소개서의 취미란과 '신년 목표'란이지 않을까요? 많은 사람들이 목표로 하지만 실상은 저조한 그것, 독서입니다. 저 역시 예외는 아닙니다. 독서를 많이 하겠다고 다짐하고 책을 사지만 정작 그것을 읽는 시간을 충분히 부여하지 못하고 있습니다. 핑계는 무궁무진하여 구차하기 그지없습니다.

독서 효과의 핵심은 한계의 극복입니다. 모든 인간은 공통적으로 시·공간적 한계를 감수하고 살아갑니다. 우리 모두는 하루 24시간, 일평생이라는 시간적 제약을 받고, 물리적인 공간이동을 위해서는 에너지나 이동수단이 필요하며 돈과 시간이 소요됩니다. 따라서 자신이 하고 싶은 것, 보고 싶은 것 모두를 즉각적으로 할 수 없습니다. 이러한 인간의 한계를 줄이는 최고의 방법이 독서입니다. 예수, 석가모니, 공자, 소크라테스의 철학을 공부하고 싶다면 성경, 불경, 유교경전, 국가론 등을 보면 됩니다. 그 성인들은 지금으로부터 수천 년전에 살았고 지금은 볼 수 없지만, 그들의 철학은 책이라는 기록물을 통해 우리와 함께 존재합니다. 우리보다 앞서 살아온 사람들의 지혜를 배우는 가장 정확하고 현실적인 방법은 독서를 통해서 배우는 것입니다. 과거의 현인뿐만 아니라 동시대를 살아가는 현인들의 사상 역시 책으로 접할 수 있습니다. 이러저러한 이유로 특정 분야에 대해서 공부하지 못했고 고찰하지 못했으나, 우리는 책을 통해서 공부하고 배울 수 있습니다. 직접 듣고 보고 만지는 것이 가장 효과적인 학습법이겠으나, 그것이 가장 효율적인 학습법이 될 수 없고 현실적으로도 학습 범위의 측면에 있어서 한계가 존재합니다. 따라서 우리는 책을 통해서 새로운 시각과 지식을 경험하며 일부는 내면화할 것이고, 한편으로는 비판적 사고를 통해 자신만의 논리를 만들어 가게 될 것입니다.

혼자만의 의지로 시작과 지속성을 담보할 수 없다면 소그룹으로 독서모임을 하는 것도 좋습니다. 마음이 맞는 사람 몇 명을 그룹화하고 정기적으로 책 한 권을 읽고 나눔을 갖는 것입니다. 저는 좋아하는 회사동료 4명과 독서모임을 하고 있고, 장르에 상관없이 자기가 읽고 싶은 책을 한 권씩 골라 한 달간 읽고 서로 나눔을 하는 형식으로 모임을 이어 가고 있습니다. 매달 1회 모이는데 그날의 모임을 주도하는 사람은 한 사람으로 고정하지 않고 매달 돌아가면서 리더를 맡습니다. 책을 읽고 나눔을 하는 것과 더불어 모임의 진행도 맡아보는 것입니다. 책을 단순히 읽는 것에서 끝나는 것보다 함께 나눔을 하거나 나의 언어로 책의 내용과 느낀 점을 정리하는 것이 매우 중요한 포인트입니다. 책의 내용과 읽을 때의 감정은 휘발성이 너무 강합니다. 바쁜 일상을 보낼수록, 많은 고민거리를 떠안고 지낼수록 휘발성은 더 강합니다. 그래서 책을 읽고 핵심 내용과 느낀 점을 정리하는 시간을 꼭 갖기를 추천합니다.

요즘은 영상이 대세입니다. 유튜브에서 온갖 영상들을 손쉽게 찾아서 볼 수 있습니다. 영상은 사실 책의 문자보다 고차원적인 매체입니다. 영상 내 효과음이나 음성이 청각을 자극하고, 각종 시각 자료들과 텍스트로 시선을 압도합니다. 책보다 더 많은 자극을 제공하고 있기 때문에 전달효과도 더 높습니다. 이러한 영향으로 책 소비가 현저하게 줄었다고 합니다. 스마트폰으로 영상 시청을 통한 정보 습득이 쉬워지면서 책과 같은 긴 텍스트를 읽는 시간이 줄어들고 있습니다. 한 연구에서는 미국 청소년의 경우 책, 잡지, 신문을 매일 읽는 비율이 1970년대의 60%에서 2016년에는 16%로 급감했다고 밝혔습니다. 이 현상은 시간이 많이 소요되는 책보다 빠르게 소비할 수 있는 동영상 콘텐츠가 더 매력적으로 느껴지기 때문입니다.

이로 인해 독서와 같은 '깊이 있는 읽기'의 기회를 줄이는 경향이 있습니다. 이와 관련된 다수의 연구에서는 젊은 층은 점점 더 짧은 글과 시각적 콘텐츠에 익숙해지고 있으며, 이로 인해 책을 통한 심도 있는 독해력과 비판적 사고 능력이 약화 될 위험이 있다고 진단합니다.

또한, '얕은 읽기'가 만연해지면서 집중력과 주의 지속 시간이 감소하는 경향이 있다고 합니다. 심리학자들은 독서와 같은 깊이 있는 사고가 신경 네트워크를 발달시키는 데 중요한 역할을 한다고 강조하며, 디지털 플랫폼이 이러한 능력 발달에 부정적 영향을 미칠 수 있다고 경고합니다. 이러한 현상은 결국 책 소비의 감소로 이어지며, 앞으로 디지털 미디어와 독서 문화 사이의 균형이 중요한 과제가 될 것입니다.

영상을 통한 정보습득이 잘못된 것은 아닙니다. 이 정보들도 잘 활용하여 나의 것으로 활용하면 됩니다. 다만, 쉽다고, 직관적이라고 영상매체만 편식하면 안 됩니다. 특히 유튜브에 노출되는 많은 영상들은 알고리즘에 의한 편향된 정보일 가능성이 매우 크며, 진실이 아닌 것을 진실처럼 왜곡한 경우도 부지기수입니다. 굳이 선후를 따진다면, 책을 읽고 토론 등을 통해 사고의 균형감각을 갖춘 후 편식하지 않는 영상매체 활용을 권하고 싶습니다.

소소한 성공의 축적, 자신감을 강화하는 성장의 비결

진정한 행운은 준비된 사람에게만 찾아옵니다. 준비되지 않은 사람에게 찾아온 행운은 불행으로 이어질 가능성이 큽니다. 그 행운과 기회를 다룰 수 있고 나의 것으로 활용할 수 있는 능력은 다양하고 소소한 성공 경험들에서 시작됩니다. 소소한 성공은 우리 내면의 자신감을 키우고, 점차 더 큰 성취를 가능하게 합니다. 심리학과 철학의 관점에서 작은 성공을 축적하는 것은 단순히 결과를 쌓는 것이 아니라, 자신을 믿는 능력을 키우는 과정입니다. 이러한 원리를 이해하고 실천한다면 누구나 자신의 그릇을 더 크고 단단하게 만들 수 있습니다.

먼저, 심리학과 철학의 관점에서 '소소한 성공 축적의 중요성'에 대해 살펴보려 합니다. 미국의 심리학자 앨버트 반두라(Albert Bandura)는 자기 효능감(self-efficacy)을 강조하며, "작은 성공의 반복은 자신감의 주춧돌"이라고 평가했습니다. 그는 개인이 스스로를 유능하다고 느끼는 경험을 통해 더 큰 도전에 대한 동기를 얻는다고 주장했습니다. 작은 성공은 단순한 행동 변화뿐만 아니라, 마음속 깊이 자리 잡은 "나는 할 수 있다."는 믿음을 강화한다는 것입니다.

철학자이자 심리학자인 윌리엄 제임스(William James)는 작은 행동과 습관의 반복이 인간의 삶 전체를 형성한다고 말했습니다. 그는 "작은 승리의 축적은 결국 위대한 성취로 이어진다."며, 일상의 행동을 통해 자신의 가능성을 넓혀 가는 것이 중요하다고 주장했습니다. 그의 논리는 우리가 매일의 작은 성공을 통해 더 나은 자신이 될 수 있다는 희망을 제공하기도 합니다.

소소한 성공을 쌓으면서 크게 성장한 사례들은 무궁무진합니다. 보편적인 다수로부터 존경심을 받는 인물들은 예외 없이 소소한 성공을 차근차근 쌓아 왔습니다.

세종대왕은 한글 창제를 통해 조선 백성들의 문맹을 해결하고자 했습니다. 한글 창제라는 거대한 업적은 작은 성공들의 축적에서 비롯되었습니다. 그는 여러 학자들과의 토론, 실험, 그리고 백성들의 반응을 세심히 살펴보며 점진적으로 한글을 발전시켰습니다. 그의 과정은 작은 성공의 누적이 어떻게 역사적인 성취를 이룰 수 있는지를 보여줍니다.

잉글랜드 프리미어리그를 누볐던 박지성은 어릴 적 신체적 조건이 부족하다는 평가를 받았지만, 매일 꾸준한 훈련과 소소한 기술적 향상을 통해 세계적인 축구 선수로 성장했습니다. 작은 성공, 예를 들어, 한 번의 패스 성공이나 체력 향상은 그의 자신감을 강화하며 결국 국제 무대에서의 성취로 이어졌습니다.

에디슨은 1,000번이 넘는 실패를 경험했지만, 그는 이를 실패로 보지 않았습니다. 오히려 그는 "작은 실험을 통해 무엇이 작동하지 않는지를 알게 된 것"으로 간주했습니다. 그의 끊임없는 시도는 전구 발명이라는 혁신으로 이어졌습니다.

미국 "오프라 윈프리 쇼"라는 프로그램으로 유명한 오프라 윈프리는 어린 시절 가난과 차별을 겪었지만, 작은 성공들을 통해 자신감을 쌓아 갔습니다. 지역 방송국 리포터로서의 작은 성취들이 쌓여 결국 세계적으로 영향력 있는 방송인으로 성장했습니다.

소소한 성공은 단순히 누적되는 결과물만은 아닙니다. 개인의 내면을 단단하게 만드는 과정입니다. 우리의 목표는 작은 성공들을 축적하여 더 큰 도전에 대비하는 것입니다. 세종대왕의 인내, 박지성의 끈기, 에디슨의 실험 정신, 오프라 윈프리의 회복탄력성은 모두 작은 성공에서 시작되었습니다. 스스로 소소한 성공을 쌓아 가며, 더 크고 단단한 그릇을 만들 수 있습니다.

작은 실천들과 소소한 성공을 쌓으며 세계적 지도자 반열에 오른 마하트마 간디의 이야기도 나눠 보려 합니다. 물론 그에 대한 다양한 평가들이 존재합니다. 간디는 역사적으로 중요한 인물이자 비폭력 저항의 상징이지만, 그의 사상과 행동은 한계가 있었고 모순적인 태도도 있었습니다. 《그릇론》에서는 그의 작은 실천과 소소한 성공이 어떻게 세계의 변화까지 이뤄냈느냐에 대해서 조명해 보려 합니다. 그의 삶과 행적을 조금 더 상세하게 살펴봄으로써 작은 실천과 소소한 성공의 저력을 공유하고자 합니다.

위대한 리더는 처음부터 위대하지 않습니다. 그들은 소소한 실천과 작은 성공을 꾸준히 쌓아 가며 자신의 신념을 실현해 나갔습니다. 마하트마 간디는 그 대표적인 사례입니다. 그의 삶은 작은 행동 하나도 결국 전 세계를 변화시킬 수 있다는 것을 보여주는 강력한 증거라 할 수 있습니다.

간디의 변화는 남아프리카에서 시작됐습니다. 변호사로 활동하

마하트마 간디
(1869~1948)

◇ 인도의 정신적 · 정치적 지도자
◇ 인도의 영국 식민지 기간(1859~1948년) 인도 독립 운동을 지도
◇ 활동이념: 평화주의, 인도주의
◇ 주요활동: 사티아그라하(비폭력 저항 운동), 소금행진, 인도 불복종 운동 등 전개
◇ 평화주의자이자 민족 지도자로서의 긍정적 평가와 모순된 행동들에 대한 부정적 평가 모두 존재
◇ 명언: "네가 세상에서 보고 싶은 변화가 되어라.", "폭력은 결코 영원한 평화를 가져오지 못한다.", "행복은 생각, 말, 행동이 조화를 이룰 때 찾아온다."

던 그는 기차의 1등석에서 백인 승무원에게 쫓겨나는 수모를 당했습니다. 당시 인도인은 백인들보다 열등한 존재로 여겨졌고, 공공장소에서도 차별을 받았습니다. 이 사건은 간디에게 깊은 충격을 주었지만, 그는 즉각적인 분노나 폭력으로 대응하지 않았습니다.

대신 간디는 소소한 실천을 시작했습니다. 사람들에게 자신들의 권리를 알리고, 조용히 그러나 단호하게 불의를 거부하는 운동을 펼

쳤습니다. 그는 자신의 경험을 바탕으로 소규모 집회를 열어 사람들에게 부당한 대우를 견디지 말고 단합할 것을 촉구했습니다. 이 작은 집회는 곧 인도인 공동체 전체로 퍼져 나갔고, 간디는 첫 번째 작은 성공을 거두게 됩니다.

남아프리카에서의 초기 경험은 간디가 비폭력 저항이라는 철학을 세우는 계기가 됐습니다. 그는 "사티아그라하(Satyagraha)"라는 개념을 제안하며 진실과 비폭력을 통해 억압에 저항하자고 주장했습니다. 이 개념은 처음에는 단순한 시민 불복종 운동으로 시작됐습니다. 간디와 그의 지지자들은 세금을 내지 않거나, 백인 우선주의 정책에 협조하지 않는 방식으로 조용히 자신의 입장을 표명했습니다.

간디의 첫 비폭력 저항은 작은 성공으로 평가되었습니다. 비록 즉각적인 변화는 없었지만, 사람들은 간디의 방식이 효과적임을 깨닫기 시작했습니다. 남아프리카의 인도인들은 그의 리더십 아래 단결했고, 일부 지역에서는 차별 정책이 완화되는 결과도 나타났습니다. 이러한 성공은 간디와 그의 지지자들에게 더 큰 도전을 감행할 용기를 심어 주었습니다.

1915년 인도로 돌아온 간디는 소작농, 노동자, 그리고 일반 민중과 함께 작은 실천을 이어 갔습니다. 그는 농촌 마을을 돌아다니며 사람들과 이야기를 나누고, 그들의 고통을 직접 관찰했습니다. 간디는 농민들에게 부당한 세금을 내지 않는 방법을 가르치고, 그들을 위한 작은 집회를 조직했습니다. 이 모든 것은 인도의 독립을 위한 큰 움직임의 초석이 됐습니다.

그의 가장 유명한 작은 성공 중 하나는 1930년의 "소금행진"입니다. 당시 영국은 인도인들에게 소금에 높은 세금을 부과하며 이를 독점적으로 판매했습니다. 간디는 이 불공정에 맞서기 위해 78명의 동료와 함께 390km에 달하는 소금 행진을 시작했습니다. 그는 해변에 도착해 소금을 직접 만들어 영국의 법을 상징적으로 위반했습니다.

이 행진은 처음에는 작은 시위로 보였지만, 점차 인도 각지에서 수백만 명이 참여하는 거대한 운동으로 확산했습니다. 간디의 단순하고 비폭력적인 행동은 세계적으로 주목을 받았고, 영국은 결국 소금세금에 대한 일부 정책을 철회해야만 했습니다.

간디의 노력은 단순히 독립운동에만 그치지 않았습니다. 그는 매일 자신의 삶에서 소소한 실천을 이어 갔습니다. 그의 의복은 자급자족으로 만든 옷이었으며, 그는 늘 검소한 생활을 실천하며 자신이 말하는 바를 행동으로 보여 주었습니다. 이러한 모습은 인도 민중들에게 큰 영향을 주었고, 그의 진정성을 확신하게 했습니다.

간디는 결코 단번에 대규모 성공을 이루려 하지 않았습니다. 그는 작은 목표를 세우고 그것을 꾸준히 실천하며 점진적으로 큰 변화를 이루었습니다. 그의 방식은 단순한 정치적 전략이 아니라, 진정으로 인간의 존엄성과 평화를 지키고자 하는 철학이었습니다.

간디는 한 명의 인간으로 실천을 시작했지만, 그의 작은 실천과 소소한 성공들은 결국 세계적인 변화로 이어졌습니다. 그는 "변화는 나로부터 시작된다."라는 신념을 몸소 실천하며, 평범한 사람도 꾸준한 노력과 성실함으로 위대한 성취를 이룰 수 있음을 보여 주었습니다.

간디의 삶은 우리에게 한 가지 중요한 교훈을 줍니다. 큰 목표는 단번에 이루어지는 것이 아니라, 작은 실천과 반복되는 성공의 축적으로 이루어진다는 사실입니다. 오늘 우리가 시작하는 작은 행동이 내일 더 큰 변화를 가져올 수 있습니다. 간디처럼, 소소한 성공을 누적하며 우리의 삶을 변화시키면 좋겠습니다. 그것이 결국 세상을 변화시키는 길로 이어질 것입니다.

노래방 기계에서는 간주 점프가 가능하고 스마트폰이나 PC에서는 영상의 구간 이동을 자유롭게 할 수 있습니다. 하지만 한 사람의 인생에서는 구간 이동이라는 것이 없습니다. 한 점에서 다른 점으로 순간이동 할 수 없습니다. 작은 점들이 반복되고 이어져 선이 되고 그 선이 이상적인 점을 향해 연결될 뿐입니다.

글을 마치며

- 크고 단단한 그릇을 지향해야 하는 이유 -

세상에는 훌륭한 가치들이 많습니다. 사람들마다 나름의 소신이 생기고 주관이 뚜렷해지는 것은 여러 가치들 중 자신에게 더 중요한 가치들이 생겼기 때문입니다. 개별적으로 훌륭한 가치들이 모여 시너지를 만들어 내기도 하고 때로는 강한 충돌로 이어지기도 합니다. 이 책의 원고를 거의 마무리 할 때쯤, 존경하는 선배와 가벼운 술자리를 한 적이 있습니다. 그 자리에서 사람 그릇에 대해 짧은 논의를 이어 갔습니다. 선배는 "그릇이 꼭 클 필요가 있나? 각자의 용도에 맞게 쓰임이 다르니 그 용도에 맞는 모양과 크기면 되지 않느냐."는 의견을 주셨습니다. 선배의 말씀처럼 실제 그릇이 그러하듯 사람 그릇도 저마다 다른 크기로 서로 다른 형태를 갖춰 살아가고 있습니다. 그것은 현상이고 지금의 모습입니다. 서로 다른 그릇이 만들어지기 위해서는 재료를 담을 큰 그릇이 필요하고, 완성된 그릇을 담을 수 있는 더 큰 용기(容器)가 필요하기도 합니다. 작은 소모임이나 자치 활동에 참여하더라도, 부모가 되어도, 회사의 관리자가 되어도, 자영업을 하게 되어도 우리는 다른 그릇을 품어야 하는 상황에 직면하게 됩니다. 상상해 봅시다. 소주잔 위에 크고 작은 서로 다른 그릇들을 올려놓은 모습은 어떨까요? 아주 위태로워 보일 것입니다. 큰 그릇이 비단 정치지도자들에게만 필요한 것은 아닙니다. 우리는 살아가며 가족이 생기고 친구와 동료들이 생기며 함께해야 할 관계들이 생깁니다. 그러한 삶과 관계들 속에서 온전한 팔로워일 수 없습니다. 상황을 주도하고 누군가를 이끌어 가야 하는 상황이 반드시 생길 수밖에 없습니다. 따라서 나 아닌 누군가를 품을 수 있는 그릇을 갖추는 것은 필수입니다. 나 스스로가 더 큰 그릇이 되어야만 나와 다른 이를 품을 수 있고 나에게 주어진 소명을 감당해 낼 수 있다는 것을 명심해야 합니다.

그릇이 가치 있는 이유, 그릇의 존재가치는 '무언가를 담는 것'입니다. 담지 못하는 그릇, 깨진 그릇은 그릇으로서의 가치가 없어집니다. 사람 그릇도 마찬가지입니다. 간혹 마음이 매우 여리고 단단하지 못한 사람을 '유리 멘탈'이라고 하기도 합니다. 그러한 그릇은 기본적으로 확장성이 없습니다. 언제 깨질지 모르는 위태로운 상태이므로 다른 그릇들을 담기에 적절치 않습니다. 사람 그릇이 깨지지 않는 견고함, 정신적·정서적 견고함이 꼭 필요한 이유입니다. 사람 그릇도 옹기의 숨구멍이나 고무대야와 같은 유연성이 필요할 수 있습니다. 그러한 유연성은 그릇에 있어서 부가적인 옵션일 뿐입니다. 사람 그릇의 존재가치를 위해서 깨지지 않는 견고함을 갖추는 것이 최우선입니다. 하지만 우리가 살아가는 현재의 환경은 그릇의 견고성을 떨어뜨리기 쉬운 안타까운 상황입니다. 최근 몇 년간 다양한 연구와 통계가 현대 사회에서 정신건강 문제가 지속적으로 증가하고 있다는 것을 보여 줍니다. 많은 전문가들은 그 이유로 빠르게 변화하는 생활 방식, 사회적 압박, 불확실한 경제 상황, 그리고 특히 COVID-19 팬데믹이 초래한 사회적 고립과 스트레스를 지적하고 있습니다. 환경이 그러하다고 손 놓고 있을 수는 없습니다. 세상이 변화하길 기대하기에는 우리에게 주어진 인생은 너무 짧습니다. 우선 우리가 할 수 있는 것부터 해야만 합니다. 나의 그릇을 단단하게 하는 가장 큰 힘은 치열하게 고민하는 것과 다양한 경험을 접하는 것입니다. 나 자신에 대해서, 사회적 문제와 가치들에 대해서 치열하게 고민해서 스스로의 정신세계를 풍성하고 단단하게 무장해야 합니다. 다양한 경험은 익숙함의 저변을 확대하고 우리의 심리적 요동을 최소화해 줄 것입니다.

나의 그릇을 알아야 하는 이유, 그릇 형성에 영향을 미치는 요인들, 이상적인 그릇이 갖춰야 할 덕목들과 그것들을 위한 우리의 노력들에 대해서 이야기를 나눠 보았습니다. 2020년 12월 29일에 처음 원고를 쓰기 시작한 지 어느덧 4년 가까운 시간이 흘렀습니다. 지난 4년 동안 많은 변화들이 있었습니다. 가장 큰 변화는 연년생인 자녀 두 명이 태어났고 이 귀한 생명들을 잘 양육하기 위해 애쓰고 있는 것입니다. 지난 4년간 회사에서는 책임감 있는 직장인으로, 가정에서는 다정하고 든든한 가장으로 역할을 해내는 것만으로 꽉 찬 일상을 보냈습니다. 그 와중에 짬을 내서 원고 작업을 해왔습니다. 새벽 5시부터 아침 7시까지 글쓰기 시간은 저의 시간이었고 저에게는 또 다른 행복이었습니다. 물론 집에서까지 회사 업무를 하느라 원고 작성이 중단된 시기도 있었습니다. 원고를 쓰려고 겨우 책상 앞에 앉았지만 아이들이 잠에서 깨서 우는 것을 달래고 다시 재워야 하는 날도 부지기수였습니다. 하지만 틈틈이 그 시간을 허락해 주고 응원해 준 가족들 덕분에 이 책이 세상의 빛을 볼 수 있게 되었습니다. 사랑하는 가족들에게 이 책을 빌려 무한한 감사의 인사를 남깁니다.

 끝으로 저의 부족하고 소박한 이야기 나눔, 사고 나눔이 누군가에게는 영감을 주고, 어떤 분들에게는 위로와 용기를 드릴 수 있길 소망합니다.

행복의 길을 찾다, 사람 그릇을 논하다

그릇론

ⓒ 권승우, 2025

초판 1쇄 발행 2025년 2월 5일

지은이   권승우
펴낸이   이기봉
편집   좋은땅 편집팀
펴낸곳   도서출판 좋은땅
주소   서울특별시 마포구 양화로12길 26 지월드빌딩 (서교동 395-7)
전화   02)374-8616~7
팩스   02)374-8614
이메일   gworldbook@naver.com
홈페이지   www.g-world.co.kr

ISBN   979-11-388-3941-9 (03190)